상가투자
핵심
노하우

상권분석부터 현장확인,
계약, 임대, 매각까지

상가투자
핵심 노하우

박종일 지음

이레미디어

/ 프롤로그 /

상가투자를 시작하는 사람들에게

　열심히 땀 흘려 버는 수입 외에 매달 일정한 날에 월급처럼 들어오는 고정수입이 따로 있다면 얼마나 좋을까요? 이러한 수입이 있다면 생활에 보탬도 되고 노후에도 든든한 버팀목 역할을 톡톡히 하지 않을까요? 이것은 최근 많은 사람들이 관심을 갖는 수익형 부동산 시장의 슬로건 같은 이야기입니다.

　이 책에 관심을 갖는 독자의 마음도 다르지 않을 것입니다. 그래서 상가에 관심을 갖는 것이 아닐까 생각합니다. 하지만 많은 분들이 상가투자는 어렵다는 말을 많이 합니다. 큰맘 먹고 막상 도전해보려고 하면 아는 것이 없어 막막하다고 얘기하는 사람들도 많습니다. 직접 해보지 않고 공부하지 않고는 감을 잡기 어려운 것이 상가투자이기 때문에 그럴 겁니다.

　수많은 정보가 쌓여있는 인터넷을 통해서도 제대로 된 상가투자 정보를 만나기가 쉽지 않습니다. 90% 이상은 정보가 아닌 광고글입니다. 필자와 상담한 예비투자자들 중에도 광고에 나온 내용들을 사실일 거라고 그대로 믿고 있는 분들이 있어 놀랐던 기억이 있습니다. 아파트, 오피스텔은 물건이 많아 시세파악도 용이하고 가격도 정형화되어 있는 반면에, 상가에 대한 객관적인 데이터는 찾아보기가 너무 어렵습니다. 개별성이라는 특징 때문에 상가마다 각기 다른 가치를 갖고 있어서입니다. 그래서 익숙하지 않은 사람들에게는 막연하고 어려운 분야일 수밖에 없습니다.

'월세 받는 자유롭고 여유로운 삶'은 누구나 원합니다. 하지만 어렵다고 생각에만 머무르면 결코 원하는 일을 얻을 수 없지 않을까요? 행동을 해야 결과를 얻을 수 있는 법입니다. 그렇다면 우리는 이제 무엇을 해야 할까요?

초보투자자들을 대상으로 상가투자 세미나를 진행하다 보면 강의를 듣는 분들이 중요한 실전 정보보다 반응하는 대목은 따로 있었습니다. '사자마자 가격이 1억 원이나 올랐던 사례', '상가 임차인끼리 경쟁이 붙어 월세를 2배나 올려 받은 사례', '아주 좋은 급매물 상가라서 흥정도 안하고 샀는데 큰 하자가 있어 손해 봤던 사례' 같은 이야기입니다. 투자를 해서 돈을 벌었거나 손해를 봤던 사례들에는 여지없이 초롱초롱한 눈빛으로 반응을 보여줍니다. 투자를 하는데 필요한 이론들은 잘 들리지 않는 것입니다. 많은 분들이 원하는 것이 '어떻게 하면 상가투자로 돈을 벌 수 있을까?' 하는 것이지, 어려운 상권분석이나 복잡한 금융지식은 아니라는 것이죠.

  하지만 상가투자는 이 단계를 극복해야만 비로소 시작할 수 있습니다. 상가투자를 '부동산투자의 꽃' 혹은 '임대수익의 꽃'이라고 합니다. 누군가 상가투자로 떼돈을 벌었다, 누군가 잘못 투자해서 쪽박을 찼다 식의 풍문 같은 이야기는 수익을 내는데 전혀 도움이 되지 않습니다. 상가투자는 기본적인 지식과 상가시장에 대한 이해가 반드시 필요합니다. 그래야 당하지 않고 실패하지 않는 결과를 얻을 수 있습니다.

  그런 이유에서 초보자 눈높이로 쉽게 이해할 수 있는 책이 필요하다는 생각을 했습니다. 그래서 수많은 상가초보자들에게 기본적인 방향 제시를 하고자 합니다. 이 책을 통해 상가투자의 전반적인 과정과 꼭 알아야 하는 투자 포인트를 배운다면, 더 이상 상가투자가 두렵고 막막하지는 않을 것입니다. 물론 오랜 경험을 통해 실패와 성공을 겪은 상가고수들에 비할 수는 없겠지만, 적어도 손해 보지 않고 어떻게 상가를 고르고 운영할지에 대한 탄탄한 방법을 알 수 있을 겁니다. 이 책에서 한 단계씩 제시하는 상가투자의 기본적인 프로세스를 따라가다 보면 상가시장의 특징과 어디에, 어떻게 투자할 것인지에 대한 기준과 방향을 설정할 수 있을 겁니다.

기준과 방향을 설정하는 것은 상당히 중요합니다. 상가투자에 대한 목적과 기준만 분명히 서 있다면 어떤 상황에서도 손해 보지 않고 실패하지 않는 투자를 할 수 있기 때문입니다. 이 책이 상가투자를 시작하는 분들이나 아직 경험이 더 필요한 분들에게 도움이 되길 바랍니다. 특히 왕 초보 상가투자자들에게는 궁금증과 막막함을 해결해줄 길잡이가 되었으면 좋겠습니다.

박종일

/ 차례 /

프롤로그 _ 상가투자를 시작하는 사람들에게 · 004

Chapter 1.
상가투자,
우선 감부터
잡자

Step 01. 왜 상가투자일까요? · 014
Step 02. 수익형 부동산이란? · 018
Advice 01 상가의 개별성 · 025
Step 03. 상가유형을 알아보자 · 027
Step 04. 상가투자 로드맵 · 035
Step 05. 상가투자, 자금규모부터 파악하라 · 039
Step 06. 상가투자, 수익률이 관건이다 · 045

1단계 요점정리 · 049

Chapter 2.
상권분석으로
좋은 상가
찾기

Step 01. 상권이란 무엇인가? · 052
Advice 02 배후지란 무엇인가? · 060
Step 02. 초보자를 위한 상권분석 기본방법 · 062
Advice 03 상가투자 입지선정 이론 · 068
Step 03. 움직이는 상권, 변하는 상권 · 070

Step 04. B급 상권에서 황금알을 찾는 방법 · 074
Step 05. 스마트한 상권분석 1_로드뷰 · 빅데이터 활용 · 078
Advice 04 포털 사이트 지도와 로드뷰로 현장 미리 둘러보기 · 086
Advice 05 상권정보시스템 활용하기 · 091
Step 06. 스마트한 상권분석 2_계획도 100% 활용법 · 102
Step 07. 상가에 투자하는 여러 가지 방법 · 109
2단계 요점정리 · 113

Chapter 3. 임장, 반드시 현장에서 확인하라

Step 01. 현장, 눈높이부터 맞추자 · 116
Step 02. 현장, 체크하고 또 체크해야 한다 · 120
Advice 06 상가투자 현장 체크리스트 · 126
Advice 07 중개사무소를 어떻게 활용해야 하나? · 128
Step 03. 수익과 가치를 끌어올리는 상가투자 포인트 · 132
Step 04. 상가분양 사기, 알면 막을 수 있다 · 142
Step 05. 주의! 선임대, 임대료 보장, 수수료매장 · 147
Step 06. 권리금이 있는 상가에 투자하라 · 154
3단계 요점정리 · 159

Chapter 4.
상가투자 계약과 각종 절차, 어떻게 처리하나?

- Step 01. 투자결정 전 꼭 확인해야 할 9가지 · 162
- Step 02. 신규분양상가 투자는 반드시 도면을 확인하라 · 170
- Step 03. 계약서, 각종 사항들을 따져라 · 179
- Step 04. 상가권리금은 어떻게 다룰 것인가? · 189
- Advice 08 상가건물 임대차 권리금계약서 양식 · 193
- Step 05. 상가가격과 임대료는 어떤 관계인가? · 195
- Advice 09 상가투자 시 발생하는 중개보수 · 199
- Step 06. 임대료와 보증금은 어떻게 설정해야 하나? · 201
- Step 07. 세금 · 자금출처 증명과 임대사업자 등록 · 205

🏠 4단계 요점정리 · 211

Chapter 5.
안정적인 임대수익 구조를 어떻게 만들 것인가?

- Step 01. 어떤 임차인을 들일 것인가? · 214
- Step 02. 상가임대도 전략이 있다 · 221
- Advice 10 신축상가의 공사기간 · 226
- Step 03. 업종별 임차인들은 어떤 장단점이 있나? · 228
- Step 04. 상가유형별로 주로 어떤 업종이 들어서나? · 232
- Step 05. 임차인과 임대인, 상부상조해야 한다 · 238

Step 06. 위기대처 능력, 이것만은 알아야 한다 • 242
Step 07. 상가세금, 어떻게 처리해야 하나? • 247
Advice 11 보험료 계산기 • 255

🏠🔍 5단계 요점정리 • 259

Chapter 6.
시세차익을 만들어내는 상가매각

Step 01. 수익을 올리는 매도 타이밍을 잡아라 • 262
Step 02. 리스크를 피하는 매각 타이밍 • 267
Step 03. 상가매각에도 전략이 있다 • 271
Step 04. 잘 팔리는 상가는 이것부터가 다르다 • 278
Step 05. 상가매각 후 세금처리는 이렇다 • 282
Advice 12 매도 시 계약서 특약사항 • 287

🏠🔍 6단계 요점정리 • 288

에필로그 _ 여유롭고 자유로운 인생을 위하여 • 289

부록
_ 상가투자 실전사례 • 292
_ 상가투자 임장보고서 • 306

1

상가투자, 우선 감부터 잡자

왜 상가투자일까요?

우리는 누구나 부유한 삶을 꿈꿉니다. 그러나 꿈은 꿈으로만 그치고 계획이나 실천은 머릿속에만 담고 있는 것이 현실입니다. 여유 있고 부족하지 않은 삶, 인생에서 꼭 이루고 싶은 목표 중 하나가 아닐까 싶은 데요. 이런 인생의 목표를 위해 과연 자신이 어떤 노력을 하고 있는지 생각해본 적 있으신가요?

🏛 당장 눈앞에 닥친 은퇴시대

우리에겐 지금 2가지 문제가 있습니다. 월급만 가지고는 아무리 아끼고 저축해도 돈을 모으기 힘들다는 것과 노년까지 계속 돈을 벌 수 없다는 것입니다. 그래서 사람들은 여러 방법으로 돈을 불리거나 노후를 대비하려고 합니다. 물가는 계속 오르고 돈의 가치는 점점 떨어지고 있습니다. 이제 저축으로 재산을 불리던 시대는 끝났습니다.

혹시 자산이 많은지요? 하지만 당장 현금자산이 많이 있다고 하더라도 끝까지 지키면서 살기엔 인생은 너무 길고 삶의 변수도 많습니다. 주식이나 채권, 펀드 같은 금융상품에 투자하기도 하지만, 내 전 재산을 맡기기에는 아무래도 부족합니다. 기존의 자산을 지키면서 매월 수입을 얻을 수 있는 수익상품이 필요합니다. 그럼 어떤 방법이 있을까요? 바로 안정성과 현금흐름을 동시에 얻을 수 있는 수익형 부동산이 답입니다. 수익형 부동산은 실물자산이기 때문에 물가와 같이 연동할 수 있으며, 동시에 월세 수익을 벌 수 있는 유일한 투자상품입니다.

우리가 지금까지 알고 있던 부동산투자의 성공공식은 사고 기다렸다, 가격이 오르면 파는 것이었습니다. 대표적인 것이 바로 토지, 아파트였지요. 특히 아파트는 전 국민이 선호하는 부동산투자 1순위였고, 토지 역시 길게 보면 큰 차익을 볼 수 있었던 유망한 투자처였습니다. 하지만 지금은 예전처럼 아파트 가격이 상승할 것이라는, 즉 사두기만 하면 무조건 가격이 오를 것이라고 생각하는 사람들이 많지 않습니다. 많은 돈을 땅에 투자하고 기다리는 것보다 현금흐름이 좋은 수익형 부동산을 더 선호하게 되었습니다. 1970~1980년대에는 높은 경제성장률 덕분에 물가와 경쟁하듯 아파트값과 땅값이 올랐지만, 이제는 저성장·저금리 시대로 접어들면서 이러한 상승폭도 둔화되었습니다. 뿐만 아니라 주택보급률이 100%를 넘어선 지 오래되었고, 양도세나 중과세 같은 투자여건도 많이 바뀌었기 때문입니다.

따라서 이제는 원활한 현금흐름과 안정적인 자산가치까지 얻을 수 있는 수익형 부동산에 눈을 돌려야 합니다. 처음 시작은 오피스텔이나 원룸 같은 비교적 적은 투자금액의 상품으로 하다가 점차 자산을 늘려 월 300만 원 이상의 수익을 올릴 수 있는 상가에 투자하는 것입니다. 상가는 수익률이 좋고 전망도 좋은 유망한 상품입니다. 좋은 위치의 상가는 가격도 많이 오르고 안정적인 임대수익을 낼 수 있습니다. 또한 관리도 아주 편리합니다. 한마디로 임대수익과 시세차익, 두 마리 토끼를 다 잡을 수 있는 훌륭한 투자상품입니다. 그것이 우리가 상가에 투자하는 이유입니다.

2016년에 국토부에서 '연간 상업용 부동산 임대동향'이라는 조사결과를 발표하는데, 2015년 기준 집합매장용 상업용 부동산(구분상가)의 전국 평균수익률이 7.32%를 기록했습니다. 오피스텔을 포함한 상업용 부동산 중 가장 높은 수익률입니다. 물론 조사범위가 전국이고 1층 위주로 평가한 내용이라 정확성을 따지기는 어렵겠지만, 상가가 수익성

※ **2015년 연간 상업용부동산 임대시장동향**

□ 2015년 연간 상업용부동산 임대동향조사 결과를 **전반적**으로 살펴보면,

  ○ 상업용부동산의 2015년 연간 투자수익률은 전년과 유사한 수준인 5~6%대*로 나타났으며, <u>다른 투자 상품**</u>보다 **높은 수익률**을 기록함
  * (연간 투자수익률 %) 오피스 5.93, 중대형 매장용 6.24, 소규모 매장용 5.85, <u>집합 매장용 7.32</u>

높은 부동산이라는 것을 증명해주는 것이라 할 수 있습니다. 많은 사람들이 상가투자를 선호하는 것입니다.

다만 상가는 임대도 잘나가고 나중에 잘 팔 수 있는 우량상가를 찾아 투자해야 합니다. 그러기 위해서는 명확한 투자목적과 기준이 필요하며 동시에 좋은 상권, 적정한 가격 등을 파악할 수 있어야 합니다. 그렇게 상권과 가격을 파악하고 현장에 가도 내 생각처럼 눈에 띄는 상가는 찾기가 쉽지 않습니다. 그래서 상가가 어렵다고 하는 겁니다. 하물며 어떤 상가에 어떻게 투자해야겠다는 기준은 없고 높은 기대만 갖고 시작한다면 투자 자체가 어려워질 수 있습니다. 따라서 반드시 상가에 대한 기본적인 이해를 하고, 기준을 세우고, 투자를 시작해야 합니다.

예를 들면 이렇습니다. 내가 가진 예산이 3억 5,000만 원이라고 할 때 대출을 30%만 받고 투자한다면, 약 5억에서 5억 5,000만 원 정도의 상가를 살 수 있을 것입니다. 또 이 예산안대로 투자를 결정한다고 해도 이게 끝이 아닙니다. 해당 예산으로 위치가 덜 좋아도 1층을 살 것이냐, 아니면 2층이라도 좋은 위치에 투자할 것인지 생각해봐야 합니다. 이런 식으로 나의 투자대상을 구체화하는 일, 이것이 상가투자 기준잡기의 시작입니다.

투자기준이라는 것은 많은 경험과 시행착오를 통해 나오는 것입니다. 쉽게 세울 수 없습니다. 하지만 먼저 투자할 목표를 정하고 그 방법을 생각해본다면, 어느 정도는 기준을 세울 수가 있습니다. 자기만의 기준과 원칙을 분명히 세우고 투자를 한다면 절대 손해 보지 않는 투자를 할 수 있습니다.

수익형 부동산이란?

최근 몇 년 전부터 수익형 부동산이 대세입니다. 오피스텔은 완판 행진을 거듭했고 서울과 수도권에는 빌라와 도시형 생활주택 건축부지를 찾아보기 어려울 정도로 호황을 누렸습니다. 상가도 신도시, 택지지구 중심으로 분양열기가 이어지고 있는 상황입니다.

하지만 수익형 부동산도 저마다의 특징이 있고 조심해야 할 부분이 있습니다. 그래서 이번 장에서는 투자할 수 있는 수익형 부동산은 어떤 것이 있고 어떤 장단점을 갖고 있는지 알아보겠습니다. 상가와의 비교를 통해 투자자의 스타일에 맞는 수익형 부동산이 어떤 것인지 가늠할 수 있을 것입니다.

🏠 오피스텔, 초보자에게 적합하다

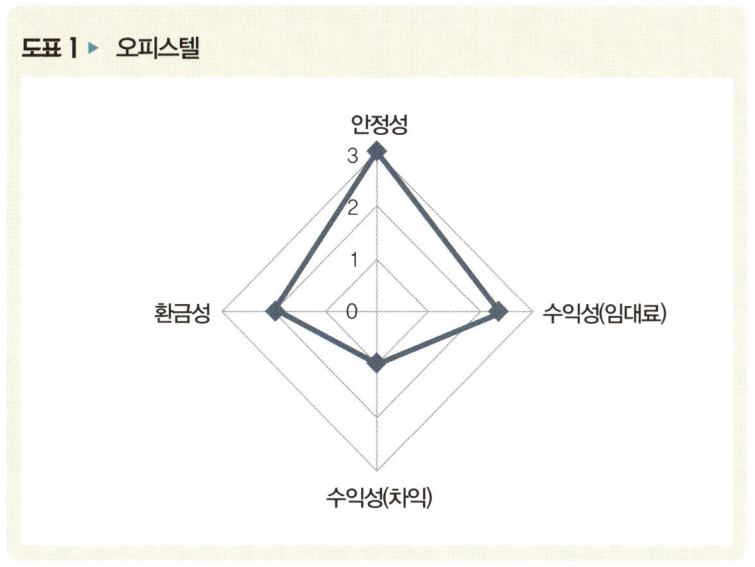

도표 1 ▶ 오피스텔

　오피스텔은 가장 많이 투자하는 수익형 부동산으로 소액으로 쉽게 투자가 가능하기 때문에 인기가 많습니다. 1인 가구가 늘면서 수요자도 많아졌고, 주택임대사업자를 내서 주택 보유수와 관계없이 투자할 수 있으며, 각종 세제 혜택까지 가능하다는 장점이 있습니다. 하지만 최근 너무 많은 공급으로 수익률 하락이 우려되고 관리비용(부동산수수료, 도배, 수리비용 등)이 어느 정도 들어가며 시세차익을 보기 어려운 단점이 있습니다. 오피스텔은 교통여건이 좋아야 하고 신축물건을 선호하는 경향이 있습니다. 그렇기 때문에 역세권이 좋으며, 인근에 신축 오피스텔이 많이 들어오는 곳은 피해서 투자해야 합니다.

🏠 소형아파트, 담보비율과 이자 측면에서 유리하다

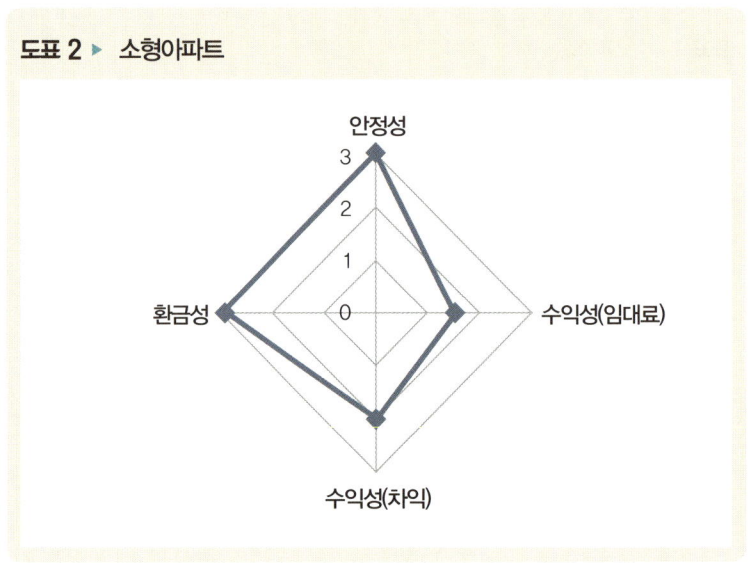

도표 2 ▶ 소형아파트

    소형아파트는 단지로 형성되어 주거여건이 좋아 인기가 많고 1인가구나 신혼부부에게 임대를 놓기에 좋습니다. 중대형 아파트에 비해 금액도 가볍고 환금성도 좋은 편입니다. 또한 은행 담보비율이 높고 이자가 저렴합니다. 특히 역세권 소형아파트가 임대사업을 하기에 안정적입니다.

    그러나 아무리 소형이라도 기본 가격대가 있고 주택 특성상 전세 선호도가 높아 수익률이 높지 않습니다. 공급량이 많아서 위치에 따라 가격이 달라지는 점을 주의해야 합니다. 최근에는 월세로 전환하는 매물이 많아서 제값 받고 임대 놓기가 쉽지 않습니다.

🏠 빌라 및 도시형 생활주택, 소액투자도 가능하다

도표 3 ▶ 빌라 및 도시형 생활주택

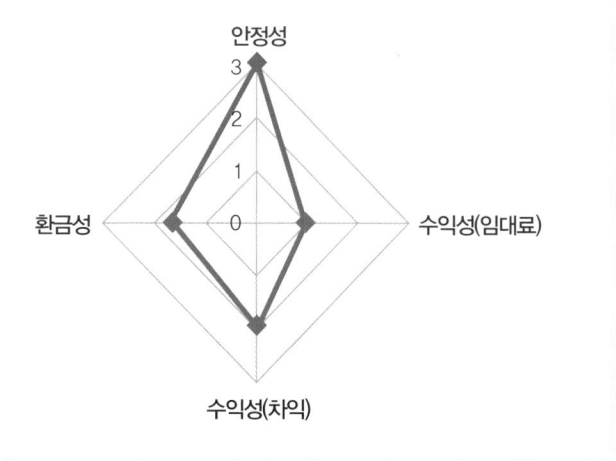

　빌라와 도시형 생활주택은 소액투자가 가능하기 때문에 시세차익을 남기기가 좋고 수익률도 높습니다. 전세 수요가 많아서 전세를 안고 구입하면 1,000~2,000만 원으로도 살 수 있는 곳이 있으며, 월세 수요는 역시 많지 않아 수익률이 낮은 편입니다.

　이 유형도 새집 선호 성격이 강하며 가격상승이 크지 않고 연식이 지날수록 가치가 떨어집니다. 신축빌라는 가격이 비싼 편이며, 오래된 빌라는 관리 및 수리비용이 많이 들고 환금성이 비교적 떨어지는 단점이 있습니다. 지역별로 차이는 있으나 실거주가 아닌 수익형 부동산으로의 접근은 역세권 같은 교통이 좋은 지역이 좋습니다.

🏢 지식산업센터, 높은 임대수익률이 장점이다

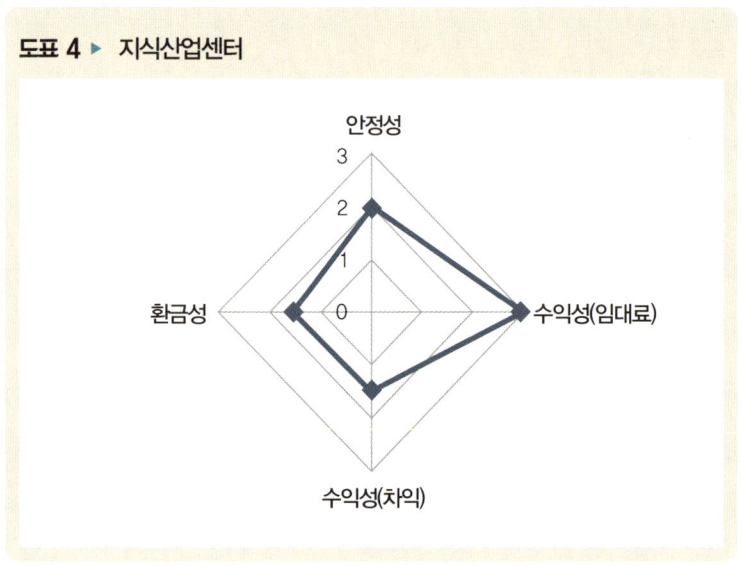

도표 4 ▶ 지식산업센터

　　지식산업센터는 예전의 아파트형 공장입니다. 지금은 많이 알려져서 경매 투자자들 포트폴리오에 하나씩은 들어가는 종목입니다. 주로 산업단지나 공장용지에 지어지기 때문에 땅값이 저렴해서 인근 오피스보다 분양가·매매가가 저렴하며 임대수익률이 높습니다. 기본 70%까지 대출이 되므로 소액으로 투자할 수 있으며, 잘만 고르면 공실 없고 안정적인 수익형 부동산이 됩니다. 하지만 투자할 곳이 한정되어 있고 산업단지는 일반 임대사업에 대한 제한이 많아서 쉽게 투자하기 어렵습니다. 대부분 임대보증금이 낮아 명도를 잘해야 하고 경기의 영향을 많이 받는 종목입니다.

🏛 레지던스 호텔, 손이 덜 가는 편의성이 있다

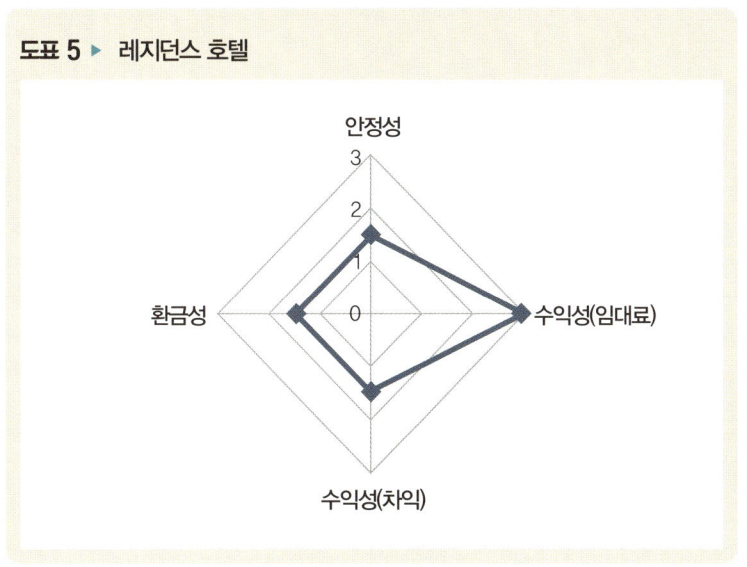

도표 5 ▶ 레지던스 호텔

　최근 몇 년 간 분양현장이 활발하게 많았던 레지던스 호텔은 수익률이 좋은 투자모델입니다. 관리를 대행해주기 때문에 임대인이 신경 쓸 일도 줄고 투자금액도 높지 않아 관심을 받고 있습니다.

　그러나 관리회사에 내 재산권을 맡겨야 하는 구조와 호텔운영 성패에 수익률과 재산가치가 달려 있다는 점이 리스크입니다. 관리업체의 전문성과 신용도에 주의를 기울여야 합니다. 운영 중인 레지던스 호텔의 성공모델도 있으나, 수익형 부동산으로서 안정성과 수익성은 아직 검증이 필요해 보입니다.

🏠 상가, 개별성에 좌우되는 부동산이다

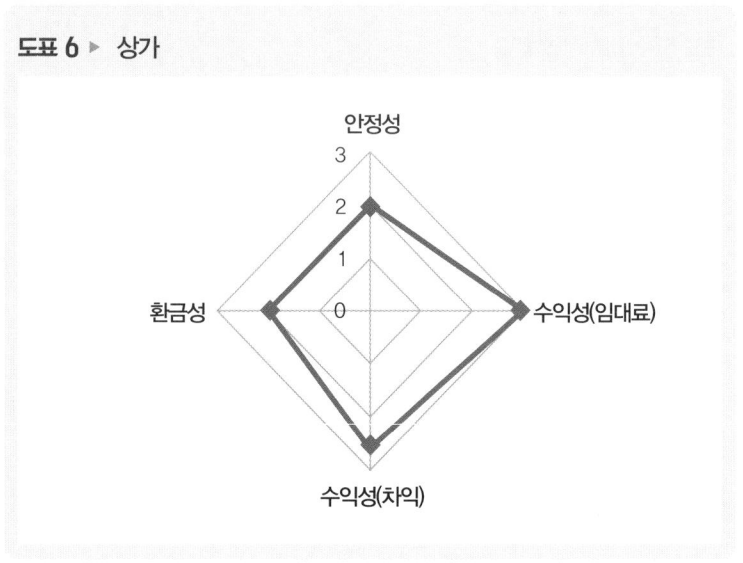

도표 6 ▶ 상가

　상가는 아파트, 오피스텔보다 투자단위가 높은 부동산입니다. 상가 투자자는 이미 다른 부동산을 경험해본 경우가 많은데, 수익형 부동산의 상급반이라고 할 수 있습니다. 수익률도 좋고 시세차익도 볼 수 있는 등 장점이 많은 부동산이기 때문입니다. 다만 상가는 개별성이라는 특징이 있습니다. 다른 부동산처럼 시장 분위기나 경기의 영향을 받기보다 상가의 개별적인 특성에 따라 수익이 좌우되는 특별한 부동산입니다. 그래서 상가투자를 할 때는 옥석 고르기를 잘해야 하며, 투자를 잘못할 경우 손해를 볼 수도 있는 민감한 부동산입니다. 투자여건에 맞는 좋은 상가를 고르는 것이 관건입니다.

Advice 01

• 상가의 개별성

상가는 같은 상권 안에서는 물론이고 같은 건물, 같은 층에서도 각각의 호실마다 가치가 다릅니다. 또한 그 가치는 입지의 차이뿐만 아니라

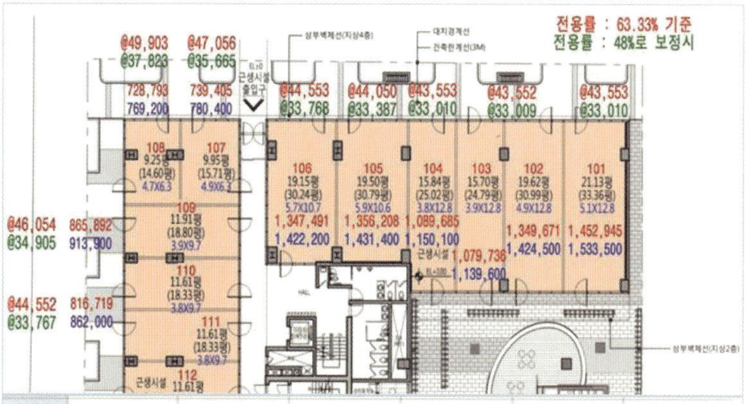

110	38.3760	11.61	60.6007	18.33	3.8	9.7
109	39.3600	11.91	62.1546	18.80	3.9	9.7
108	30.5730	9.25	48.2788	14.60	4.7	6.3
107	32.8950	9.95	51.9455	15.71	4.9	6.3
106	63.3154	19.15	99.9832	30.24	5.7	10.7
105	64.4516	19.50	101.7773	30.79	5.9	10.6
104	52.3770	15.84	82.7099	25.02	3.8	12.8
103	51.9000	15.70	81.9568	24.79	3.9	12.8
102	64.8750	19.62	102.4460	30.99	4.9	12.8
101	69.8380	21.13	110.2831	33.36	5.1	12.8

분양중인 상가 1층의 도면으로, 각 호실마다 분양가격과 전용면적이 다르다.

어떻게 관리했는지, 임대수익이 어떤지에 따라서도 달라지는 특성이 있습니다. 그것을 바로 상가의 개별성이라고 합니다. <u>상가는 아파트나 오피스텔처럼 온라인에서 쉽게 찾아볼 수 있는 시세 데이터도 없을뿐더러 어떤 상가가 얼마라는 가격도 알기 어렵습니다. 심지어 한 건물의 상가들도 다 가격이 다를 정도로 제각각인 것이 상가의 특성입니다.</u> 앞의 사진은 이러한 상가의 특성을 설명해줍니다.

그만큼 상가의 개별성이라는 것이 입지, 방향, 모양, 크기, 층수 등 여러 가지 요인에 의해 특징과 가격이 다르게 형성된다는 것입니다. 또 이런 물리적인 특징 말고도 관리하는 소유자, 임차인 등의 현황에 따라서도 가격이 달라질 수 있습니다. 예를 들어 아파트는 같은 단지라고 해도 관리상태, 인테리어, 조망권, 입주 여부, 남향이냐 아니냐에 따라 가격이 달라지는데 이와 비슷하다고 생각하면 될 것 같습니다. 그래서 상가의 개별성은 그 차이를 파악하는데 어려움이 따릅니다. 하지만 가치를 판단하는 눈만 있다면 저평가된 상가를 찾아내 수익을 올릴 수 있기 때문에 아주 중요한 특징이라고 할 수 있습니다.

상가유형을 알아보자

 수익형 부동산도 여러 종류가 있는 것처럼 상가도 몇 가지 유형으로 분류합니다. 우리가 흔히 보는 근린상가와 아파트단지 상가, 중심상업지 상가, 테마상가, 주상복합 상가, 지식산업센터 상가 등으로 나눠볼 수 있습니다. 이번 장에서는 각 상가의 특징을 살펴보면서 투자방법이나 주의사항을 정리하겠습니다. 장단점을 비교해 본인에게 맞는 상가가 어떤 유형인지 찾아보시기 바랍니다.

🏛 상가유형과 투자 난이도

① 근린상가

 근린상가는 가까운 곳에 있는 상가라는 뜻으로, 우리가 사는 거주지 주변에 위치하여 생활밀접 업종들이 영업을 하는 상가를 말합니다. 주로 아파트단지 앞에 5층에서 7층 정도 규모의 건물이며, 흔히 볼 수 있는 베이커리, 분식, 휴대폰 대리점, 커피숍, 부동산, 약국, 병원, 학원 등의 업종들이 들어오는 상가입니다.

근린상가에 투자할 때는 배후 아파트단지의 입주보다 늦게 입점하는 상가가 좋습니다. 왜냐하면 아파트 입주가 되어야 사람이 다니고, 그래야 초기 공실 없이 임대를 놓을 수 있기 때문입니다. 또 배후지의 주 통로와 연결되는지, 교통을 이용하는 동선에 걸리는지 등을 판단해 투자하는 것이 좋은 결과를 얻을 수 있는 방법입니다.

근린상가는 단지상가와 함께 초보자들이 투자하기 좋습니다. 중심

도표 7 ▶ 상가유형별 투자 난이도와 장단점

	투자 난이도	장점	단점
근린상가	★★	안정적인 업종 유치, 상대적으로 낮은 가격	위치에 따라 가치의 차이가 큼
아파트단지 상가	★★	안정적인 단지 수요 확보, 꾸준한 임대수익	임대업종 제한적, 시세상승이 늦음
중심상업지	★★★★	투자가치가 높음, 다양한 업종 유치	활성화 시간이 길며, 가격이 높음
테마상가	★★★	소액투자 가능, 수익률은 높은 편	상가 위험성이 높으며, 환금성이 떨어짐
주상복합, 오피스텔 상가	★★	좋은 위치, 자체 수요 확보	낮은 전용률, 가격이 높은 편
지식산업센터 상가	★★★	안정적인 자체 수요, 상대적으로 낮은 가격	임대업종 제한적, 위치가 좋지 않음

상업지 상가나 테마상가에 비해 예측이 쉽고 큰 변수가 없는 장점이 있으며 분양가도 상대적으로 낮은 편이라 안정적인 투자가 가능하기 때문입니다. 단, 배후지에 비해 상가 개수가 많거나 동선에 걸리지 않는 상가라면 피하는 것이 좋습니다.

② 아파트단지 상가

아파트단지 상가는 입주민 편의를 위해 설치한 상가로 주로 부동산, 미니슈퍼, 세탁소, 미용실 등의 편의업종이 입점합니다. 단지상가는 입주민들을 기본 고객으로 안고 가기 때문에 특히 안정적입니다. 공급방식은 내정가(예정가)를 정해놓고 입찰을 하는 것이 대부분입니다. 최근에는 입주 세대수에 비해 단지상가 수를 줄이는 추세인데, 입찰가가 내정가의 2배를 넘어갈 정도로 높은 가격에 입찰되는 경우가 많습니다. 그래서 초기 임대료가 높아지기도 합니다.

단지상가에 처음 입주할 때는 으레 부동산 사무실이 입주를 합니다. 임대료가 비싸더라도 입주자들 대상으로 '입주장'이라고 하는 초기 입주영업을 하기 위해서입니다. 하지만 입주가 끝나거나 계약기간이 만료되면 일부만 남고 철수하게 됩니다. 이때 다른 업종으로 임대를 놓고 가면 좋은데, 초기 임대료가 높기 때문에 그보다 낮은 금액으로 업종변경이 되거나 심하면 공실이 나기도 합니다. 또 만약 아파트 세대수에 비해 단지상가가 많기라도 하면 나중에 빈 상가가 생기는 경우도 있습니다. 결국 임대료가 낮아지면서 수익률이 떨어지는 것이 일반적인 패턴입니다.

그래서 단지상가에 투자할 때 입찰을 받는다면, 지나친 경쟁으로 인한 높은 입찰가는 피해야 합니다. 또 기존 단지상가를 매입한다면 초기의 높은 수익률만 보지 말고 현실적인 수익률을 기준으로 접근해야 합니다.

③ 중심상업지 상가

신도시의 개발계획도를 보면 도시 중심부에는 대부분 중심상업지가 배치됩니다. 중심상업지는 상업시설과 업무시설 등이 고밀도로 공급되는 지역이라 백화점이나 대형쇼핑몰, 지하철역 같은 인구유입 시설이 들어오기도 합니다.

중심상업지는 다른 지역보다 땅값이 높아 상가분양 가격도 비쌉니다. 또한 상가가 활성화되기까지 근린상가보다 더 많은 시간이 필요한 것이 일반적입니다. 그 기간 동안은 공실이 되거나 예상보다 수익률이 낮아질 수 있습니다. 하지만 일정한 시간(5년 이상)이 지나면 상권의 힘이 커져 임대수익률도 오르고 상가의 가치도 크게 오르는 유망상권이 됩니다. 그렇기 때문에 어느 지역의 상가보다 투자가치가 높다고 할 수 있습니다.

중심상업지의 상가투자는 단기간에 성과를 기대하는 투자보다는 긴 호흡의 장기적인 관점으로 하는 것이 정석입니다. 그러므로 이 유형은 어느 정도 투자경험이 있고 자금력이 있는 투자자들이 선호하는 상가이기도 합니다.

④ 테마상가

테마상가는 2000년대 초반 밀리오레나 두타 같은 동대문 의류전문상가를 시작으로 한동안 분양열기가 이어졌던 유형입니다. 지분등기를 하거나 1~2평씩 작은 단위로 구좌분양을 하여 소액투자자들에게 큰 인기를 끌었습니다. 하지만 이후 경기침체와 내부 관리시스템의 문제 등으로 운영이 어려워져 결국 피해를 보는 사례가 많았습니다. 물론 성공적인 운영으로 1~2평에 억대의 권리금이 오가는 의류도매 쇼핑몰도 있습니다. 하지만 이러한 사례는 특별한 경우이기 때문에 예전 방식의 테마상가에는 투자를 하지 않는 것이 좋습니다.

반면에 최근의 테마상가는 멀티플렉스 쇼핑몰, 수변상가, 스트릿 상가, 몰mall 상가 등 다양한 형태로 꾸준히 공급이 되고 있는데, 기존 테마상가들의 문제와 시스템을 보완하여 좋은 사례들도 생기고 있습니다. 그중 수변상가의 경우 최근 신도시에 많이 생기고 있는 테마상가입니다. 대표적인 곳으로 송도의 커넬워크, 청라의 커넬웨이, 김포한강신도시의 라베니체 등이 있습니다. 송도의 커넬워크는 초반에는 부진하다가 NC큐브가 입점하면서 지역 명소의 역할을 하고 있습니다. 청라 커넬웨이는 꾸준히 지역상권으로 성장하는 중입니다. 이런 상가들이 향후 테마상가 투자결정에 중요한 나침판이 될 것이므로 주의 깊게 보는 것도 좋은 방법입니다.

그러나 일반상가와 달리 여전히 특정한 주제나 '앵커 테넌트'라고 하는 핵심점포의 역량에 의존하는 경향이 강합니다. 그렇기 때문에 주변 상권과 잘 어울리는지, 규모는 적정한지 등을 살펴서 투자해야 합니다.

또 집객을 위해서는 공연이나 세일행사 같은 이벤트를 꾸준히 기획하는 노력이 필요한데, 이런 역할을 해줄 관리단의 관리능력 또한 중요한 체크포인트입니다.

⑤ **주상복합, 오피스텔 상가**

　주상복합 아파트나 오피스텔 상가는 주로 교통이 좋은 상업지역에 공급합니다. 보통은 상가보다 오피스텔 혹은 아파트가 주 목적인 경우가 대부분입니다. 그렇기 때문에 아파트 또는 오피스텔 분양이 먼저 이루어지고 상가는 나중에 분양하게 됩니다. 이때는 입주민들이 기본 배후세대가 되므로 상가가 자리 잡는데 도움이 됩니다. 또 입지가 괜찮은 상업지역이라면 기본적인 업종유치가 유리하므로 상가 역시 빨리 활성화될 수 있습니다. 다만 위치가 좋은 곳은 땅값이 비싸기 때문에 분양가 역시 높게 형성될 수 있습니다. 그렇게 되면 수익률이 낮아질 수 있으므로 너무 높은 분양가라면 신중하게 판단해야 합니다.

　주상복합이나 오피스텔의 상가는 일반적으로 도로변 외에 후면이나 내부, 지하 등에도 배치가 됩니다. 이때 인근의 상가나 상권과 연결되지 않으면 후면상가나 내부 상가들은 임대를 놓기 어려워질 수도 있으니, 이런 주상복합 상가에 투자할 때는 반드시 주변상권과의 연결성을 체크하고 투자해야 합니다. 필자는 주상복합 상가는 가능하면 도로변 1층 상가에 투자를 하는 것이 좋으며, 2~3층은 입지에 맞는 상부층의 필요업종과 수요여부를 파악하고 투자를 하는 것이 좋다고 봅니다.

⑥ 지식산업센터 상가

　지식산업센터 상가는 입주하는 업체들과 입주자들을 위해 편의시설로 공급되는 지원시설입니다. 이는 지식산업센터가 주로 산업단지나 신도시 자족시설 용지처럼 유동인구가 많지 않은 지역에 생기는 시설이기 때문입니다. 그래서 상가도 꼭 필요한 업종만 유치할 정도였습니다. 하지만 최근에 판교 테크노밸리나 문정 법조타운 업무지구처럼 상주인구 외에 유동인구도 많이 생기는 지역에 상당히 상가가 많이 공급되기도 했습니다. 이 경우는 지식산업센터 상가라고 하기보다 대규모 업무단지 내 상가라고 보는 편이 맞을 것 같습니다.

　보통 지식산업센터 상가라고 하면 편의점, 부동산, 문구점, 분식집, 식당, 커피숍 정도만 입주하는 규모입니다. 상가가 많지 않은 대신 꼭 필요한 업종으로 구성되어 있어 안정적인 투자가 가능합니다. 그래서 지식산업센터 상가는 초기에 필수 업종이 입점하는 상가 위주로 투자하는 것이 중요합니다. 기존 산업단지 지식산업센터 상가들을 보면 필수 업종 외에 다른 업종들은 고전을 면치 못하거나 공실이 되어 있는 경우가 많았습니다.

　지식산업센터 입주업체들은 주 5일만 근무하는 회사가 많습니다. 따라서 상가들도 주 5일이나 토요일 오전근무만 하는 것이 대부분입니다. 장사를 하는 임차인의 입장에서는 매출에 영향이 있으니 불편할 수 있습니다. 하지만 상가도 주 5일이나 5일반 근무를 하면서 휴일을 가지게 되고, 이로 인해 직원이나 사장이 업무에 만족을 하는 경우도 있다고 하니 긍정적인 부분도 있는 것 같습니다.

앞에서 상가유형을 살펴보았습니다. 필자가 상담이나 컨설팅 등을 통해 투자자들과 대화를 나눠보면, 각자 생각들도 다르고 선호하는 상가투자 대상도 다릅니다. 특히 경험자들이 편향적인 경우가 많습니다. 예를 들면 신축상가의 1등자리만을 투자한다거나, 산업단지에 상주하면서 지식산업센터와 그 상가들만 투자하기도 합니다. 아니면 아파트단지 상가만 입찰하는 투자자도 있습니다. 땅 투자하는 사람은 땅만 하고, 아파트 투자하는 사람은 아파트만 한다고 합니다. 각자 재미를 봤거나 자신 있는 종목을 정해 한 우물만 파는 것입니다. 그러다 보면 각 분야에서 발생할 수 있는 수많은 경우의 실수를 줄일 수 있게 되고 수준도 높아져 결국 높은 수익으로 이어지게 됩니다.

그런데 초보투자자의 입장에선 어떤가요? 아직 모든 분야에서 경험이 없거나 부족합니다. 그래도 투자에 나서는 일이 많습니다. <u>초보일수록 분양직원들의 주관적인 브리핑이나 지인들의 조언만을 믿고 과감한 선택을 하고 있지 않은지 점검해봐야 합니다.</u> 소중한 내 재산을 들이는 일에 어떤 기준을 갖고 투자하고 있는지 곰곰이 생각해보고, 열심히 발품팔고 공부하는 것이 필요합니다. 멘토나 전문가의 도움을 받는 것도 방법 중 하나입니다.

Step 04.

상가투자 로드맵

　은퇴 후를 대비하거나 노후를 대비하기 위한 준비로 사람들은 다양한 투자를 합니다. 특히 임대수익을 통해 자산을 불리기 위한 투자로는 상가가 제격입니다. 상가투자로 자금을 모으게 되면 나중에 목 좋은 상가주택이나 건물로 옮겨 탈 수도 있습니다. 하지만 투자에도 순서가 있는 법입니다. 정상에 오르기 위해 한걸음 한걸음 산을 오르는 것처럼, 단계를 하나씩 밟아야 목적지까지 오를 수 있습니다. 상가투자를 하기 위해 가장 먼저 해야 할 일은 기본절차를 파악하고 계획과 목표를 세우는 것입니다. '왜 나는 상가투자를 하는가?'에 대한 명확한 답을 갖고 있어야 합니다. 은퇴대비나 자산증식 같은 큰 목표부터 정해놓고, 구체적인 실천목표를 세우는 것입니다. 이번 장에서는 상가투자의 기본절차를 다뤄보겠습니다.

🏠 목적지를 정하면 방향이 보인다_매입매도 절차

〈도표 8〉을 보면 상가의 매입과 보유, 매도의 큰 절차를 알 수 있습니다. 가장 중요한 것은 좋은 상가를 잘 사는 것과 세금문제, 그리고 좋은 조건에 임대를 놓고, 최적의 매도시점을 파악하는 것입니다. 그다음이 계획과 목표를 세우는 것입니다. 예를 들어 45세 직장인이 60세 은퇴 대비가 목표이고 투자가능금액이 1억 원이 있는 상황이라면, 지금 당장 1억 원을 정기예금에 넣어도 세금을 생각하면 이렇다 할 소득이 없을 것입니다. 그렇다고 상가에 투자하기에는 금액이 부족합니다. 이럴

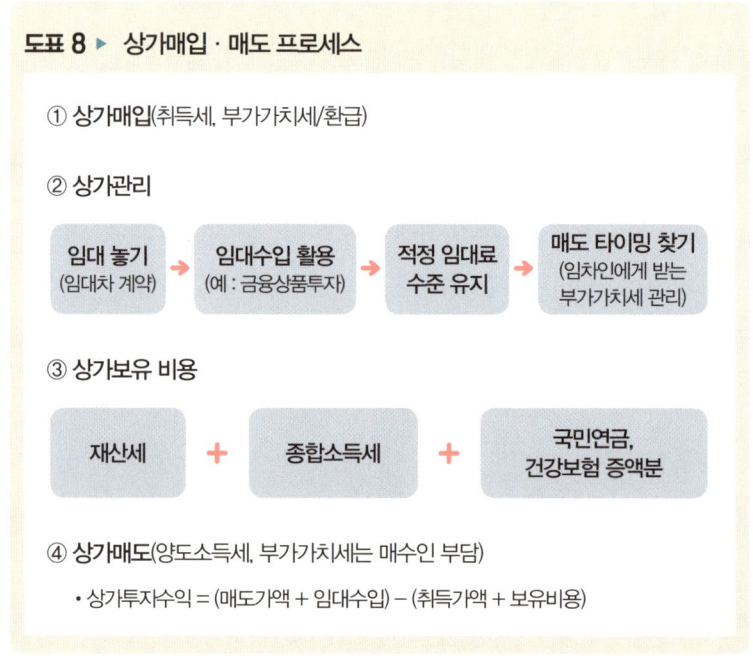

때는 역세권 오피스텔처럼 월세 놓기 좋고 나중에 팔기도 좋은 수익형 부동산에 먼저 투자하면 됩니다.

만약에 3억 원 정도의 투자자금이 있다면 어떨까요? 이때는 5~6억 원 정도의 상가까지 가능합니다. 그 정도면 약 5년간 투자해서 임대수익과 시세차익까지 합해 8~9억 원에 가까운 상승효과를 볼 수도 있습니다. 물론 이런 수익을 올리려면 투자를 잘해야겠지만 충분히 가능한 일입니다. 단계적으로 내가 은퇴할 때까지 최선의 결과를 만들어놓을 수 있다는 것이 중요합니다. 그렇게 계획적으로 성장하려면 반드시 목표가 필요하다는 점을 잊지 말아야 합니다.

큰 목표를 세웠다면 오피스텔이 되었든 상가가 되었든 투자대상을 정하고 어디에 어떻게 투자할 것인지 구체적인 방법을 찾아야 합니다. 이때는 발품과 손품을 활용합니다. '내가 원하는 지역, 관리하기 편리한 곳이나 평소 유망하다고 생각했던 곳'처럼 투자처를 먼저 정하고 주변상가의 시세를 파악하는 방식입니다. 그렇게 하면 내 예산에 맞는 곳을 알 수 있을 것입니다. 그리고 범위를 좁혀나가면 됩니다.

그런데 현장에서 상가를 알아보다 보면 1층은 자금이 부족하니 2층이나 3층으로 투자하라는 권유를 받기도 합니다. 사실 누구나 1층이 좋다고 생각합니다. 학원이나 병원 등 큰 면적이 필요한 업종을 직접 운영할 계획이 아니라면 가능하다면 1층에 투자하는 것이 좋습니다. 일반적으로 시간이 지나면 1층은 가격이 오르지만 상부층으로 갈수록 덜 오르기 때문입니다. 또 상부층은 공실이 될 수도 있어 위험하다고 하지요. 반면에 1층은 더 안정적인 임대를 놓을 수 있고 권리금까지 생기는 경우가 많습니다.

  물론 틀린 말은 아니지만, 그렇다고 다 맞는 말도 아닙니다. 왜냐하면 큰 면적이 필요한 업종들 또한 많기 때문입니다. 상부층도 좋은 업종에 임차해놓으면 1층보다 임대수익률이 좋을 수 있습니다. 단, 사람들이 찾아오기 좋고, 1층보다 더 위치를 따져야 하고, 전면으로 노출이 잘되는 상가여야 합니다. 1층 못지않게 2~3층이나 상부층이 인기가 많은 지역도 있습니다. 실제로 병원, 학원, 사무실 등의 수요가 많은 지역은 1층보다 학원 층, 병원 층이 먼저 분양되는 상가도 있습니다. 그러니 1층이 아니라도 더 좋은 선택이 될 수 있음을 잊지 말아야 합니다.

  목적지를 정했다면 다음으로 가장 중요한 일은 상가 잘 고르는 일입니다. 하지만 여기서부터 막막해집니다. 어디에 있는 어떤 상가가 좋은지 알 수가 없지요. 부동산 사무실에 가도 괜찮은 상가는 찾아보기 어렵습니다. 현실에서 만나는 상가는 위치, 가격, 수익, 3가지를 모두 만족시키기 어렵습니다. 위치가 좋으면 가격이 비싸고 가격이 낮으면 위치가 아쉬울 것입니다. 그렇게 되면 월세수익도 낮아지고 투자 메리트도 떨어집니다. 그렇다면 어떻게 접근해야 할까요?

  좋은 상가를 잘 고르는 방법은 크게 2가지입니다. 좋은 위치의 1등상가를 선점하는 것과 괜찮은 상권에서 할인을 하거나 좋은 조건으로 분양하는 상가를 찾는 것입니다. 가격이 다소 높아도 초기부터 좋은 자리에 투자하거나 소자본으로 괜찮은 자리에 투자금 대비 효율이 높은 상가에 투자하는 것입니다.

Step 05.

상가투자,
자금규모부터 파악하라

    컨설팅이나 상담을 하다 보면 투자금액이나 투자물건을 어디에 얼마나 투자해야 할지 갈피를 잡지 못하는 분들이 많았습니다. 상가투자를 할 때 투자목적과 방향을 설정하는 것만큼 중요한 것이 자금규모의 파악입니다. 내 자금규모를 알아야 어디에 투자할지, 대출은 얼마나 운용할지 알 수 있기 때문입니다.

    예를 들어 보유한 자금이 3억 5,000만 원 정도라면 5~6억 원짜리 상가를 살 수 있습니다. 이때 5억 원이면 약 30%, 6억 원이면 40%가 넘는 대출을 받아야 하는데, 그렇게 되면 '대출비율이 너무 높은 거 아닐까?' 싶을 겁니다. 대출비율을 높여 미래가치가 높은 1층상가에 투자할지, 대출을 최소로 하고 예산에 맞는 상부층 상가나 오피스텔, 지식산업센터 등에 투자하는 것이 좋을지 선택해야 할 것입니다. 아니면 투자지역을 좀 더 외곽이나 중소도시로 확대해서 저렴한 1층상가를 찾는 것도 하나의 방법입니다. 자금규모 파악은 구체적인 투자대상을 결정하는 데 꼭 필요한 일입니다.

🏠 투자규모에 따라 플랜을 짜야 한다

상가는 비교적 금액이 큰 부동산이라 소액투자가 어려운 면이 있습니다. 하지만 잘 찾아보면 소형상가나 섹션오피스, 지식산업센터 같은 상업용·업무용 시설로 투자가 가능한 틈새상품들이 있습니다. 〈도표 9〉는 투자금액별로 가능한 상가 및 수익형 부동산입니다. 도표 내용 외에도 더 많은 수익형 부동산이 있겠지만 참고하기 바랍니다.

도표 내용처럼 1~2억 원으로도 분양 또는 경매, 기존상가의 매매 등

도표 9 ▶ 투자규모별 수익형 부동산

금액	상가 및 수익형 부동산
1억 원 미만	소형오피스텔, 소형빌라, 섹션오피스
1억~2억 원	근린생활 상부층 상가, 지식산업센터(소형), 오피스텔, 소형아파트
2억~3억 원	근린생활 상부층 상가, 경기도권 1층상가, 지식산업센터
3억~5억 원	1층상가, 근린생활 2~3층 상가, 지식산업센터
5억~10억 원	근린생활 및 중심상업지 1층상가, 중심상업지 2~3층 상가
10억 원 이상	중심상업지 핵심 상가

을 통하여 취득할 경우 얼마든지 상가투자가 가능합니다. 하지만 이 구간에는 오피스텔, 소형아파트처럼 일반적인 투자처가 많아서 상대적으로 상가나 지식산업센터에는 관심이 적은 편입니다.

2~3억 원 정도이면 적은 돈이 아니므로 이쯤 되면 상가에 관심을 갖는 사람들이 많습니다. 주로 1층부터 찾게 되는데 마음에 쏙 드는 물건을 찾기 쉽지 않습니다. 관심이 실제 투자로 이어지는데 시간이 좀 필요한 그룹이기도 합니다. 이 그룹은 5억~10억 원 정도로 서울에서 상가주택을 찾는 수요와 비슷하다고 볼 수 있습니다. 눈높이를 맞춰줄 물건이 많지 않기 때문입니다. 경기도권으로 가면 1층도 가능한 상가들이 많이 있으니 투자지역을 넓게 잡는 것이 좋습니다. 그러면 생각했던 것보다 괜찮은 상가를 많이 만날 수 있습니다.

3억~5억 원의 현금을 가용해 투자를 생각한다면 서울·수도권 신도시에 분양하는 1층상가도 투자가 가능합니다. 물론 융자를 얼마나 활용하느냐의 문제가 있지만 서울, 위례, 미사, 광교, 마곡 등의 신도시 쪽으로도 가능한 금액대입니다. 근린상가 2~3층 식당자리나 3~4층 병원자리, 5층 학원자리 등으로 좋은 위치에 투자할 수 있습니다.

5억~10억 원을 가진 투자자는 대체로 1층상가를 선호하지만 성향에 따라 상부층 투자를 하는 경우도 있습니다. 이 구간은 상가투자 경험자들이 많으며 융자를 최대한 활용한 레버리지 투자 선호도가 높은 편입니다. 투자성향에 따라 차이가 있지만 적극적인 투자자가 많습니다.

마지막으로 10억 원 이상의 상가투자자들은 여러 투자 포트폴리오 중 하나로 상가를 선택하거나 상가투자를 전적으로 선호하는 그룹입니다. 중심상업지 메인 코너상가처럼 금액 대비 수익률이 적어도 시세차익을 보는 장기투자를 하거나, 좋은 자리를 선점하는 전략투자를 하기도 합니다.

그 외에 자본으로 시행사나 분양대행사, 공인중개사 등과 협력하여 선투자, 사전분양 같은 투자방식을 병행하기도 하는 소위 전주錢主라고 하는 투자자도 있습니다. 하지만 자금규모를 막론하고 투자의 기준과 원칙을 갖고 투자하는 것이 중요합니다. 어느 경우이든 좋은 상가를 찾아야 하는 것은 똑같은 문제이므로 항상 기본에 충실하는 것이 우선입니다.

🏛 상가투자의 레버리지 효과란?

레버리지 효과란 지렛대 효과라고도 하며, '대출금 등 타인의 자본을 이용하여 적은 돈으로 큰 상품에 투자해서 수익을 극대화하는 투자방법'을 말합니다. 〈도표 10〉의 예시처럼 대출을 받아 투자를 하면 수익률이 높아지기 때문에 상가투자에서 대부분 사용하는 방법입니다.

이 책을 읽는 독자들도 상가투자를 할 때 대출을 받고 레버리지, 이른바 지렛대 효과를 이용해 높은 수익률을 얻는 적극적인 투자방법이 좋은 것인지, 아니면 대출은 금리가 오르거나 상황이 안 좋아졌을 때 리스크가 커지므로 최소한의 대출이 좋은 것인지 궁금한 적이 있었을 것입니다. 금리가 낮은 요즘 대출을 많이 이용하면 레버리지라는 수익

도표 10 ▶ 상가투자 레버리지 활용

가격	6억 5,000만 원	6억 5,000만 원
보증금/월세	5,000/300	5,000/300
대출(금리)	×	3억 원(3%)
투자금	6억 원	3억 원
이자	×	75만 원(월)
월소득	300만 원	225만 원
수익률	6%	9%

률 상승효과가 더욱 커지는 것은 사실입니다. 그렇다고 무조건 레버리지를 이용한 투자가 좋은 것은 아닙니다. 여러 가지 상황에 대비하고 안정적인 투자를 하려면 내가 감당할만한 비율을 지키는 것이 좋습니다. 하지만 그건 어디까지나 공실이 되거나 금리가 높게 올라갈 때를 대비해서 하는 이야기이고, 만일 이 2가지 문제가 해소된다면 40~50% 정도의 대출은 오히려 상가를 효율적으로 운영하는데 더 도움이 될 수도 있습니다. 그럼 어떻게 해야 공실문제나 금리문제를 대비할 수 있을까요?

먼저 소유한 상가가 공실이 되지 않게 하려면 상가 위치가 1층이면 가장 좋습니다. 특히 권리금이 있는 상가라면 공실이 될 일이 거의 없겠죠. 하지만 실제 상가투자에서는 비싼 1층만 바랄 수는 없기 때문에, 상부층이라도 위치가 좋고 입주 초기에 임차인 선정만 잘한다면 역시 큰 걱정 없이 임대를 놓을 수 있습니다.

　금리 문제도 전 세계적인 경제상황이나 경제흐름을 볼 때 보통 예상하는 수익률보다 금리가 높아지지 않는 이상, 은행이자보다 높은 수익을 가져다줄 것입니다. 물론 그 전에 임대료나 다른 수입을 통해 대출 일부를 갚는 계획도 필요하겠지만, 일단은 대출을 이용한 투자가 수익이 훨씬 크기 때문에 활용하지 않을 이유가 없습니다. 또 상가투자를 통한 임대사업은 특별히 지출증빙이 될 만한 자료가 많지 않아 소득세 계산을 할 때 이자비용 처리가 도움이 되기도 합니다.

상가투자, 수익률이 관건이다

　보통 상가투자를 하면 어느 정도의 수익이 있어야 한다고 생각하나요? 예를 들어 3억 5,000만 원을 투자했을 때 한 달에 얼마의 월세가 들어오면 될까요? 분양대행사에서 제시하는 수익률이 보통 6% 정도인데, 3억 5,000만 원의 6%는 2,100만 원입니다. 이걸 12로 나누면 한 달에 약 175만 원의 월세입니다. 만약 이대로만 매달 월세를 받을 수 있다면 꽤 괜찮은 투자입니다.

　이때 연 6%가 내가 원하는 수익률이라면, 이를 **요구수익률**이라고 합니다. 반면에 우리가 시장에서 일반적으로 얻을 수 있는 수익률은 **기대수익률**이라고 합니다. 하지만 실제로 우리가 얻을 수 있는 수익률은 이보다 낮게 나올 수밖에 없으며, 이를 **실현수익률**이라고 합니다. 이는 임대사업을 하다 보면 재산세나 소득세 같이 부수적으로 나가는 돈이 적지 않기 때문입니다.

🏠 왜 수익률을 따져야 하나?

요즘 잘나가는 신도시들의 1층상가 분양가격이 평당 3,500만 원에서 4,000만 원을 넘고 있습니다. 상가를 분양하는 회사에서는 이 분양가격에 6% 수익률을 맞춰 예상임대료를 산정해서 홍보하고 있습니다. 하지만 앞에서도 말했듯이 실제 수익률은 현실의 여러 상황으로 인해 더 내려갈 가능성이 높습니다. 그래서 거품 없는 실제 수익률을 판단하는 것이 중요합니다.

이미 분양되어 임대를 놓고 있는 상가들은 주변시세라는 것이 있어 파악하기가 쉽지만, 신규 분양하는 상가들은 현실적인 수익률을 알기가 어렵습니다. 초기 수익률과 2년 뒤의 수익률에 차이가 있을 수 있고, 상가가 안정된 이후의 수익률도 다를 수 있기 때문입니다. 신도시 상가는 초기에 6%에 근접한 수익률을 올렸다가, 위치에 따라 약간의 버블이 꺼지고 내려온 다음, 도시가 활력이 생기면 다시 올라가는 패턴이라고 생각하면 됩니다. 현실적인 수익률은 수도권 신도시 1층상가 기준으로 약 5~6% 정도가 좋은 물건이라고 보면 됩니다. 이것을 기준으로 서울 도심으로 갈수록 낮아지고, 지방으로 갈수록 높아진다고 생각하면 됩니다. 눈에 보이는 수익률도 중요하지만 실제 가치를 파악하는 것이 무엇보다 중요한 일인 거죠. 그렇다면 수익률을 제대로 알기 위해 방법은 어떤 것이 있을까요?

가장 먼저 할 일은 인근 임대시세를 알아보는 것입니다. 기존 도심이라면 주변만 파악해도 어느 정도 시세인지 알 수 있고, 신도시 분양상가라면 분양가가 비슷한 다른 지역이나 인근 임대료와 비교해보면 임대시세를 파악할 수 있습니다. 그러면 분양가격이나 매매가격과 대비해서 적절한 수익률인지 아닌지 알 수 있겠지요. 이것은 상가를 팔 때도 마찬가지입니다. 수익률이 높은 상가라면 가격도 높을 테니까요. 수익률을 파악하는 것은, 단지 상가의 가치를 판단하는 것뿐만 아니라 임차인과 협상할 때 빠른 결정을 내리는 데나 중장기적인 현금흐름 계획에도 영향을 주는 일이므로 꼭 확인해야 합니다.

필자에게 투자문의를 하시는 분들에게 물어보면 대부분은 상가투자를 결심한 이유가 수익률 때문인 경우가 많았습니다. <u>왜 수익률일까요? 그건 바로 고정적인 수입으로 내 자산을 안정시켜주고, 수익률이 올라가면서 내 재산의 가치까지 올려주기 때문입니다.</u> 이게 첫 번째 이유입니다. 이런 선호도가 수 년 전부터 이어져 수익형 부동산들에 대한 수요가 높아지고, 실제 투자로도 많이 이어지고 있습니다. 지금과 같은 저금리와 불경기 상황에서 할 수 있는 최선의 투자는 역시 안전한 실물자산인 부동산이며, 그중에서도 안정적인 수익률을 실현할 수 있는 상가투자가 최고의 방법입니다.

🏠 상가투자 수익률은 어떻게 계산하나?

상가투자의 수익률은 어떻게 계산해야 할까요? 다음의 예를 들어보겠습니다. 일산에 거주하는 A씨는 지난해에 김포 구래지구에 1층상가를 하나 분양받았습니다. 최초 분양가격은 6억 7,000만 원이었으나 협상을 통해 2,000만 원을 할인받아, 6억 5,000만 원에 상가투자를 하게 되었습니다. 건물 완공 두 달 전에 보증금 5,000만 원, 월세 300만 원의 조건으로 커피숍 창업자와 임대차 계약을 하여 실제 투자금은 6억 원이었습니다(취득세 및 기타 취득경비는 세전수익률에서 제외). 그렇다면 여기서 A씨가 투자한 김포 구래지구 상가의 세전 연 수익률은 어떻게 될까요?

가격이 6억 5,000만 원인 상가에 '보증금 5,000만 원, 월 300만 원'의 조건인 경우, 융자 없이 투자할 때 '실투자금은 6억 원'이 되고 '월 임대료×12개월'을 하면 연 임대료가 나옵니다. 그러면 연 인대료는 '월 임대료 300만 원×12개월=3,600만 원'이 됩니다.

· 연 임대료÷실투자금×100 = 연 수익률
→ 3,600만 원 ÷ 6억 원×100 = 6%(세전 연 수익률)

상가투자에서의 세금문제는 뒤에서 따로 다룰 것입니다. 계산의 편의상 세금은 제외했으니 실제 수익률은 이보다 낮습니다. 이 공식을 활용하면 대략적인 수익률을 계산할 때 유용할 것입니다.

1단계 요점정리

Step 01 상가투자 필요성 인식하기

Step 02 수익형 부동산의 장단점 파악하기
- 오피스텔, 소형아파트, 빌라 및 도시형 생활주택, 지식산업센터, 레지던스 호텔, 상가

Step 03 상가유형과 장단점 파악하기
- 근린상가, 아파트단지 상가, 중심상업지 상가, 테마상가, 주상복합, 오피스텔 상가, 지식산업센터 상가

Step 04 상가투자 기본절차 알아보기
- 매입 : 임대 놓기, 임대수입 활용, 매도 타이밍
- 보유 : 재산세, 종합소득세, 국민연금 등
- 매도 : 양도소득세, 부가가치세 등

Step 05 내 자금규모 파악하기
- 금액별 투자플랜 세우기

Step 06 내 상가 수익률 따져보기
- 연 수익률 = 연 임대료 ÷ 실투자금 × 100

Chapter 2

상권분석으로
좋은 상가 찾기

Step 01.

상권이란 무엇인가?

좋은 상가를 찾기 위해서는 우선 상권에 대해 알아야 합니다. 상권이 좋아야 사람도 많이 모이고 상가도 활성화되기 때문이죠. 그래서 좋은 상권 안에 있는 상가들은 대체로 가격도 오르고 임대료도 높아집니다. 오른 만큼 투자가치도 높아지게 되는 것입니다. 그렇다면 상권이란 무엇이고, 또 좋은 상권이란 어떤 것일까요?

🏛 상권은 어떻게 구분하나?

상권의 사전적인 의미는 '상가들이 영업활동을 위해 고객을 끌어들일 수 있는 지역적인 범위'를 말합니다. 다시 말해 많은 상가들이 모여 있는 상업지역을 상권이라고 하는 것이 아니고, <u>해당 상업지역에 소비</u>

를 하러 오는 주 소비자들이 거주하는 곳의 범위를 상권이라고 합니다. 예를 들어 강남역 상권처럼 수도권(수원, 인천, 분당 등) 각 지역의 소비자들이 찾는 대형상권이라면, 그 상권은 수도권에 이르는 넓은 면적이라고 볼 수 있습니다. 또 동네상권이라면 그 동네를 상권의 면적이라고 할 있는 것이죠. 다른 말로 배후지라고도 합니다. 이러한 상권은 크게 광역상권, 지역상권, 근린상권으로 나눌 수 있습니다.

① **광역상권**은 동대문, 명동, 강남역 상권과 같이 경기도 권역은 물론 전국에 소비층을 두고 있는 대형상권을 말합니다. 최근 명동이나 동대문 상권 등은 그 소비층이 일본, 중국 등 해외까지 미치기 때문에 글로

벌 상권이라고 해도 과언이 아닙니다.

② **지역상권**은 서현역, 범계역, 산본역, 장항동, 상동, 중동, 수원역 상권처럼 지역 내 소비층을 아우르는 지역의 대표상권을 말합니다. 특징은 상권 내에 백화점이나 대형쇼핑몰 등 소비자들이 모일만한 대형시설들과 지하철역 같은 교통시설, 관공서, 병원 등 주요시설들이 있다는 것입니다.

③ **근린상권**은 특정 주거지역의 소비자들이 주로 이용하는 상권으로 지역 대표상권보다는 규모가 작으며 인근 주거지역의 생활편의 업종과 대형마트, 병원, 학원 등의 업종들로 이루어져 있습니다. 우리가 일반적으로 투자하는 상가의 상권은 지역상권이나 근린상권입니다. 이때

기존상권이냐 신도시 혹은 택지지구에 새로 형성되는 상권이냐에 따라 투자방법이 달라집니다. 이것은 상권이 주변환경이나 시점에 따라 커지기도 하고 쇠퇴하기도 하기 때문입니다.

상권의 흐름으로 투자시기를 파악하라

상권을 판단할 때는 현 시점의 상황만 두고 판단해서는 안 됩니다. 향후 상권변화 여부도 같이 확인해야 실패 없는 투자를 할 수 있습니다. 상권도 주변 여건에 따라 변화가 일어나기도 하며, 그 자체로도 생애주기라는 사이클이 있습니다. 그 주기를 파악하는 것이 중요합니다.

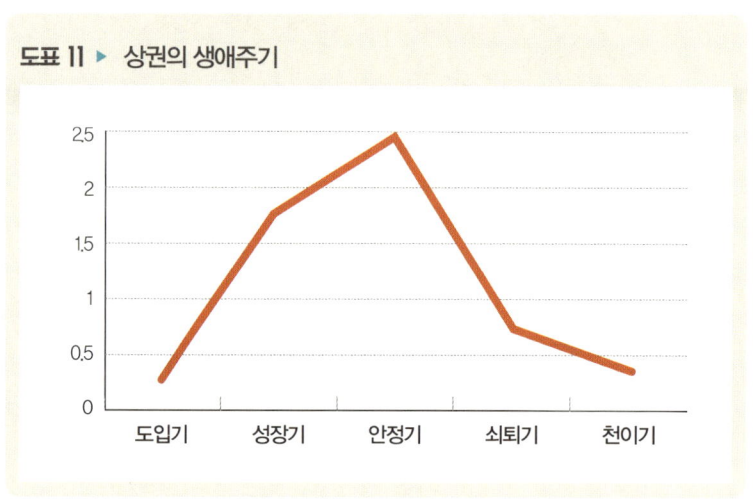

도표 11 ▶ 상권의 생애주기

〈도표 11〉을 보면 상권은 도입기, 성장기, 안정기, 쇠퇴기, 천이기로 변화합니다. 상가투자는 도입기 초기나 안정기 후기 이후는 피하는 것이 좋습니다.

우선 **도입기**는 신도시 입주 초기부터 약 3년 정도를 생각하면 됩니다. 지역 내 상권이 형성되는 과정이지만, 일부 교통 중심지를 제외하고는 아직 상권의 모습이 제대로 갖춰지지 않은 시기입니다. 이 시기에 하는 투자는 초기 분양을 통한 투자일 것입니다. 이때는 초기 임대전략이 필요합니다.

성장기는 상권의 틀이 잡히기 시작하는 단계이며, 상가의 가격이 다소 상승하며 권리금이 형성되기 시작합니다. 이때 미분양된 상가나 초기 분양을 받았으나 임대가 안 되는 등 개인 사정으로 경매에 나오는 매물이 등장합니다. 이 시기에 투자할 때는 경매를 이용하는 것도 좋은 방법입니다.

안정기는 상권의 황금기입니다. 상권초기부터 약 10년 정도는 지나야 상권의 안정기라고 보는 견해가 많습니다. 분당, 일산 같은 1기 신도시들을 돌이켜보면 10년 만에 대표상권이 된 곳도 있고, 그 이상의 시간이 지나서 자리를 잡은 지역도 있습니다. 그렇다고 모든 상권이 대표상권이 되는 것이 아닙니다. 20년이 되도 안정기를 맞지 못하는 상권도 있으니 주의해야 합니다.

쇠퇴기는 보통 건물이 노후화되고 지역 주거여건도 점점 나빠지면서 상권이 이탈하는 현상이 시작되는 시기를 말합니다. 또 이런 주거여건과 관계없이 인근 지역에 새로운 도시가 형성되거나 광역교통망 신설, 규모가 큰 대형유통시설 등이 들어서게 되면 상권이 빠른 속도로 쇠퇴하는 경우도 있습니다. 이 시기는 몇 년 전부터 미리 예측할 수 있는 편입니다. 하지만 안정기 상권에서 빠져나오기도 쉽지 않기 때문에 예상을 하고도 시기를 놓치는 일이 있으니 유의해야 합니다.

천이기는 쇠퇴기를 겪으며 어려워졌던 상권이 지역 내 신규개발이나 재개발 등의 이유로 다시 살아나는 시기입니다. 기존 도심들을 보면 예전에 번성했던 상권 중에 쇠퇴하여 어려움을 겪고 있는 곳이 많을 겁니다. 이런 곳들이 도시재생사업 같은 것을 통해 다시 상권이 좋아지는 시기가 올 수 있습니다. 이러한 곳도 지나치지 말고 평소에 관심을 가지고 꾸준히 지켜봐야 좋은 투자기회가 옵니다.

앞에서 상권의 생애주기를 알아보았습니다. 각자가 생각하는 투자처의 상권이 어느 시기에 와 있는지 가늠해보면 막연하고 불확실한 상가투자의 적절한 시기를 알 수 있을 것입니다.

이 외에도 상권은 자연발생상권과 계획상권으로 나눌 수 있습니다. 예전에는 기차역이나 버스터미널, 재래시장과 같이 사람이 모이는 곳에 자연스럽게 상가들이 모여 자연발생적인 상권이 만들어졌습니다. 하지만 요즘 상권은 신도시, 택지개발지구처럼 도시계획에 의해 미리 예정된 지역에 상업용지를 만들어놓고, 이후에 점차 상권이 형성되는 인위적인 방식의 상권이라고 볼 수 있습니다.

자연발생상권이 오랜 시간 천천히 이루어졌다면, 계획상권은 빠르게 만들어진 상권입니다. 그래서 앞으로 상권이 의도한대로 잘 이루어질지 그렇지 않은지는 정확히 알 수가 없습니다. 이는 상권 배후지의

도표 12 ▶ 계획상권 체크리스트

1. 배후지 세대의 규모파악(주변 아파트 단지 및 세대 수)	☐
2. 배후지 세대의 입주시기(상가보다 입주가 빠르거나 비슷해야 함)	☐
3. 배후지 세대의 면적 및 수준(대형 평수보다 소형·중형 평수가 유리)	☐
4. 상가의 공급규모(상가의 배후지 세대에 비해 경쟁상가가 많은지 적은지의 여부)	☐
5. 인근 지역에 대형백화점, 대형마트가 있는지	☐

인구들이 유입되기까지 여러 가지 변수(기반시설의 개발 지연 등)에 의해 시간이 걸릴 수 있기 때문입니다. 이때 상가투자자의 입장에서는 배후지의 규모와 공급되는 상가의 규모를 파악해서 상가공급이 배후지 규모에 비해 많은 건 아닌지 따져봐야 합니다. 배후지와 상가의 입주시기, 배후지 세대의 면적 및 수준 등을 가늠하여 투자여부를 결정해야 합니다.

Advice 02

• 배후지란 무엇인가?

배후지란 어떤 상업지역의 상업시설(판매시설)을 주로 이용하는 고객들이 거주하는 지역을 말합니다. 예를 들어 A라는 아파트가 있습니다. 이 아파트의 주민들이 단지 앞 근린상가의 B마트를 주로 이용한다면,

B마트의 배후지는 A아파트가 되는 겁니다. 이는 광역상권에서도 마찬가지입니다. 강남역 상권은 수도권 전역에서 찾는 대형상권이므로, 강남역의 배후지는 수도권 전역이 되는 겁니다.

물론 수도권 전체 인구가 강남역만 이용하는 것이 아닙니다. 그래서 이를 세분화하여 배후지도 1차, 2차, 3차 상권으로 나누어 설명하기도 합니다. 상가매출의 70~80%를 일으키는 주 권역은 1차 상권, 20~30%의 매출을 일으키는 곳은 2차 상권, 5% 이내의 간헐적 소비를 하는 권역은 3차 상권으로 보는 이론입니다. 또한 상권의 규모에 따라 1차 권역의 반경이 100m 이내가 되기도 하고 300m가 넘기도 하므로, 기존이론의 획일화된 상권분류보다는 현장 상황을 고려한 탄력적인 접근이 필요합니다. 결국 상가는 영업이 잘될 만한 입지에 투자해야 하므로, 영업이 원활하게 이루어지기 위해서는 배후지에 거주하는 고객의 질과 양이 중요합니다. 따라서 투자하는 상가의 배후지는 인구밀도가 높고 면적이 넓으며 소비력이 높은 곳이어야 합니다.

초보자를 위한
상권분석 기본방법

상가투자 초보자들에게 상권은 어렵고 생소한 분야입니다. 상권분석 또한 어떻게 해야 할지 막막할 것입니다. 하지만 처음부터 어렵게 접근할 필요는 없습니다. 기본적으로 체크할 부분만 정리해놓고 그것만 확인해도 충분히 좋은 투자를 할 수 있기 때문입니다. 그럼 상권을 분석하기 위해 어떤 부분을 확인해야 할까요?

🏠 어떻게 상권을 분석할 것인가?

"나무보다 숲을 보라"는 말이 있습니다. 큰 흐름을 먼저 파악한 다음 세부적으로 접근하라는 뜻이지요. 부동산은 시장의 분위기나 주변환경 등이 좋아야 투자가치가 높아지는 분야입니다. 따라서 전체를 보기 위해 숲을 파악하는 것이 중요합니다. 상가투자의 숲은 바로 상권입니다. 상권분석을 통해서 큰 지역을 파악하고, 그다음에 입지나 개별분석을 하는 것입니다.

<u>상권분석이란 상가의 투자가치가 있는지를 따져보기 위해 어떤 지역의 특성을 파악해보는 것입니다.</u> 상권분석은 창업자뿐만 아니라 상가투자자 입장에서도 향후 발전성, 임대 수익성, 상권변화의 예측을 위해 반드시 필요한 과정입니다. 상권분석은 지역분석과 개별분석으로 나눠볼 것입니다. 지역분석은 큰 의미로 지역의 교통시설, 유동인구, 상업시설 규모 등을 파악하는 것입니다. 개별분석은 작은 의미로 해당 상가의 위치, 접근성, 배후인구, 동선 등을 알아보는 것이라고 생각하면 됩니다.

지역분석

지역분석을 위해 신도시의 예를 들어보겠습니다. 신도시는 도시계획에 의해 만들어진 인공적이고 계획적인 도시입니다. 공급가구수 대

도표 13 ▶ 위례, 판교, 광교 지역의 면적 대비 세대·인구수

	위례	판교	광교
면적	205만 평	270만 평	340만 평
세대수	43,419세대	29,000세대	31,100세대
인구	110,000명	88,000명	78,000명

비 상가 비율을 미리 결정하게 되는데, 이 비율은 장사하는 사람도 입주민도 불편하지 않을 정도의 적정선을 타협한 수치입니다(실제는 상가 용지가 적정치보다 더 많이 공급되는 편입니다). 그렇다면 당연히 상가 비율이 낮고 인구밀도도 높은 곳이 상가투자를 하기 좋은 지역이라고 할 수 있습니다.

최근 만들어진 신도시 중에서 위례, 판교, 광교를 비교해보겠습니다. 〈도표 13〉을 보면 친환경 저밀도로 지어진 광교나 판교와 달리 위례는 작은 면적에 비해 세대수가 많습니다. 주거 쾌적성은 약하지만 상권 집중력은 좋은 지역으로 판단할 수 있습니다. 이는 인구밀도가 높은 편이고 상권이 몰려 있는 특징 때문입니다. 정말 단순한 사례지만 이런 식으로 지역의 특징을 파악하는 것이 지역분석이라고 할 수 있습니다. 하지만 지역분석은 어디까지나 숲을 보는 것이므로 반드시 개별분석을 통해 세부적인 조건을 살핀 후에야 좋은 나무를 찾을 수 있습니다. 숲이 울창하다고 모든 나무가 좋은 나무인 것은 아니니까요.

개별분석

개별분석은 내가 계획한 지역 내에 분양 또는 매물로 나와 있는 투자 대상 물건들의 입지와 개별상가에 대한 분석을 하는 것입니다. 아파트나 오피스텔을 투자할 때는 숲을 보고 판단하는 비중이 크다면, 상가는 나무를 잘 살피는 것이 더 중요합니다. 따라서 입지와 개별상가 분석을 잘하는 것이 곧 좋은 상가를 고르는 것과 같습니다. "부동산은 입지다"라고 합니다. 토지, 아파트, 상가를 막론하고 입지의 중요성은 아무리

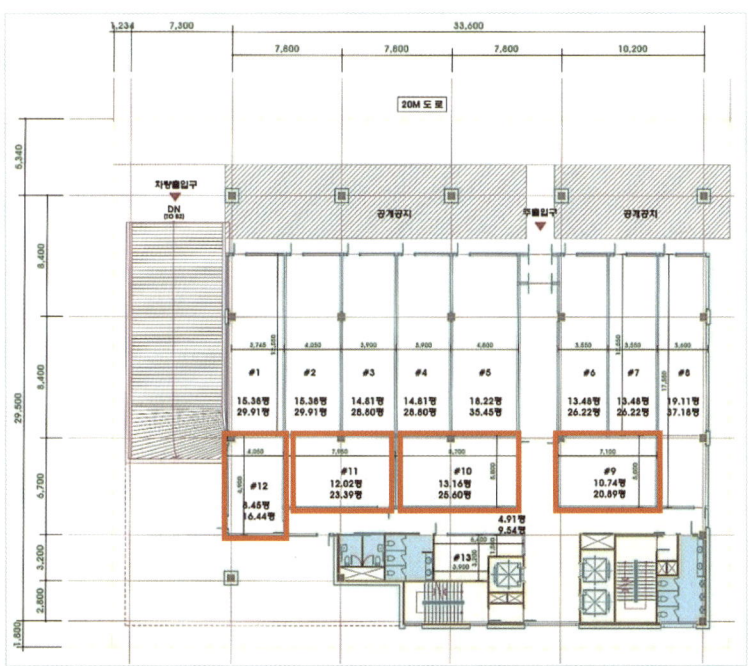

도면에서 표시한 부분은 내부상가로 흔히 먹통상가라고 한다.

대형 주상복합 상가 중 큰 기둥이 전면에 놓여 있는 점포이다.

강조해도 지나치지 않습니다. 특히 상가의 입지는 수익과 직결되는 부분이므로, 입지에 대한 판단이 관건입니다.

상가입지의 포인트는 바로 동선입니다. 지하철이나 버스정류장, 시장 등의 기반시설을 이용하기 위해 주로 다니는 길목이 동선의 주요 입지가 됩니다. 투자대상 물건이 눈에 잘 띄고 찾아가기 좋은 곳에 위치하고 있는지 현장에 직접 가서 확인해야 합니다. 하지만 이 방법도 기존상권에서나 가능한 것입니다. 아직 개발 중인 신도시라면 개발계획도에 나오는 배후지와 기반시설 등을 체크해 가상의 동선을 만들어, 그 동선에 투자대상 물건이 근접해 있는지를 판단해야 합니다.

동선의 파악이 끝났다면 다음은 투자대상 물건인 개별상가에 대한 분석을 해야 합니다. 입지 못지않게 상가투자에서 중요한 부분입니다. 첫 번째로 할 일은 면적 대비 분양가격과 예상수익률 등을 검토하는 것입니다. 이렇게 개별상가의 입지에 대한 파악이 끝나면, 상가 자체의 특징에 대해 파악해야 합니다. 파악할 내용으로는 건물 내 상가의 위치, 전면 넓이, 테라스 사용 여부, 층고, 엘리베이터, 화장실 위치, 상가 앞 인도 폭, 횡단보도나 버스정류장 위치, 기둥, 주차장 여건 등이 있습니다.

이렇게 분석을 하면서 꼭 피해야 할 것이 있습니다. 후면이나 내부(먹통)상가입니다. 상가는 반드시 전면에 위치하고, 가능하면 코너나 출입구 양 측면이 좋습니다. 상가의 기둥은 분양회사 측에서 제공하는 기본 도면에도 잘 표시가 되지 않으므로 특히 주의할 부분인데, 계약 전에 꼭 도면을 요구해서 확인해보는 것이 필요합니다. 오피스텔이나 주상복합 상가처럼 규모가 큰 건물은 기둥도 크기 마련입니다. 간혹 상가 전면을 가리는 아찔한 경우도 있으니 조심해야 합니다.

입지와 개별상가 분석도 중요하지만, 상권에 도움이 되기는커녕 반드시 방해가 되는 요인도 있음을 알아야 합니다. 바로 공원이나 학교입니다. 이러한 시설은 상권이 연결되지 못하고 단절되는 속성이 있습니다. 상권은 연속성이나 확장성이 큰 특징인데, 중간에 큰 공원이 있거나 관공서 등이 있으면 더 이상 뻗어갈 수 없습니다. 거기다 사람의 왕래가 많지 않은 곳이라면 당연히 상권형성에 도움이 되지 않습니다. 또한 넓은 대로나 하천 앞 상가, 경사지에 지어진 상가, 직접 배후지가 약한 상가 등은 나중에 상권이 형성되기도 어렵고 장사도 잘 되지 않습니다. 이러한 상가는 반드시 피해야 합니다.

이렇게 개별상가 분석에 필요한 목록을 구성해놓고 하나씩 검토해나가면 투자여부 판단에 도움이 될 것입니다.

Advice 03

• 상가투자 입지선정 이론

입지선정에도 법칙이 있습니다. 주로 창업시장에서 상권분석을 하기 위해 많이 사용하는 이론입니다. 상가투자도 창업자의 관점과 깊은 연관이 있기 때문에 이러한 이론을 알고 투자에 접근하는 것이 도움이 될 것입니다.

1. 낮은 곳 이론

낮은 평지 쪽에 상권이 형성된다는 이론으로 물이 고이는 자리로 표현합니다. 고지대나 경사지보다는 낮고 평평한 곳에 교통시설, 상업시설 등이 주로 형성되는 이유이기도 합니다. 예를 들어 광역상권인 강남역도 잦은 침수지역일 정도로 낮은 곳에 형성된 상권입니다.

2. 오른쪽 이론

사람은 시계방향, 보행방향, 차량진행 방향 등 신체적으로 익숙한 방향으로 움직이는 특징이 있습니다. 출근길보다는 퇴근길의 소비심리가 강하기 때문에 퇴근길 동선의 오른쪽에 위치한 상가가 더 유리하다는 이론입니다.

3. 최단거리 이론

상가투자 시 사람들이 주로 다니는 동선을 파악하기 위한 이론입니

다. 사람은 지하철, 버스정류장 등에서부터 집까지 가장 짧은 거리 동선을 통해 이동하는 특징이 있으며, 가는 길로만 가는 습성이 있습니다. 특히 근린상가의 경우 이러한 동선에 위치하는 것이 중요합니다.

4. 장애물회피 이론

사람이 모이는 상권에 장애물이 있으면 상권이 성장하는데 방해가 됩니다. 장애물이 되는 시설로는 학교, 공원, 하천, 종교시설, 관공서 등이 있습니다. 이러한 시설은 유동인구의 동선에도 방해가 되기 때문에 장애요인이 있는 곳의 투자는 피해야 합니다.

움직이는 상권, 변하는 상권

최근 서울 신촌의 상권을 살리자는 기사를 심심치 않게 볼 수 있습니다. 신촌은 인근 홍대 상권의 성장과 연세대 학생 감소(제2 캠퍼스 이전) 등 다양한 이유로 쇠락했습니다. 여러 가지 해결방법이 제시되고 있지만, 되돌리기에는 힘들어 보입니다. 이러한 큰 상권도 기우는 마당에 어떤 상권이 영원하다고 할 수 있을까요? 우리는 이러한 상권의 변화에 어떻게 대처해야 할까요?

🏠 상권변화에 민감해야 살아남는다

젠트리피케이션이란 말을 방송에서 한 번쯤은 들어봤을 겁니다. 이태원 경리단 길이나 연남동처럼 한적했던 골목길에 스토리나 테마가 있는 작은 상가들이 입점해서 입소문을 타고 상권이 형성되었던 일이 얼마 전입니다. 그러다가 장사가 잘되고 사람들이 많이 찾다보니 건물주들이 임대료를 대폭 올려버린 것입니다. 결국 비싼 월세를 못 이기고 내몰렸다는 얘기지요. 그리고 그 자리에는 유명 프랜차이즈 업체들이 비싼 임대료를 내고 입점하게 됩니다. 애초에 그 상권에 형성되었던 스토리나 테마가 온데간데없어지는 현상이 젠트리피케이션입니다.

어찌 보면 건물주 입장에서는 임대료 올리는 게 당연할 지도 모릅니다. 하지만 그럴수록 가치가 지속되는 시간은 더 짧아지게 되며, 결과적으로 찾는 사람도 줄어들고, 프랜차이즈 업체들도 떠나버리는 일이 일어납니다. 물론 이것도 상권이 변하는 과정의 한 가지로 볼 수 있습니다.

<u>상가투자자는 상권이 주변환경의 요인에 따라 변한다는 것을 늘 염두에 둬야 합니다.</u> 왜냐하면 상가투자를 하게 되면 언젠가 팔아야 할 때가 오는데, 그 시기가 꼭 필요가 있을 때만 파는 것이 아니라 상권이 변해서 안 좋아질 것 같은 상황에도 팔아야 하기 때문입니다. 예를 들면 이런 경우입니다. 내 상가가 유명 카페거리에 있습니다. 인근에 경쟁상권이 있는데 그쪽에 지하철역이나 판교 현대백화점처럼 대형 유통시설이 들어선 것입니다. 결국 내가 속한 상권에 큰 영향이 올 수밖에 없습니다. 바로 그런 때가 파는 게 좋을지, 더 갖고 있는 게 좋을지 판단해야 할 타이밍입니다.

만약 내 상가가 임차업종도 좋고 수익률도 좋아서 현재 만족할 만한 상가라면, 팔기 아깝지 않을까요? 대부분의 사람들이 쉽게 팔 수 없을

것입니다. 애정이 간다면 더욱 그렇겠지요. 하지만 그것도 상황에 따라 달리 봐야 합니다. 인근에 들어서는 시설이 내 상권, 내 업종과 어떤 관련이 있는지 파악해 결정해야 합니다. 예를 들어 내 상가의 상권이 로데오 같은 소매매장으로 특화된 상권이라면, 인근에 생기는 대형백화점과는 경쟁하는 상황이 될 것입니다. 빨리 처분해야 합니다. 하지만 내 상가의 상권이 유흥상권이라면 백화점과의 개연성이 없으니 굳이 팔지 않아도 됩니다. 이렇게 따져가며 판단해야 합니다.

판교역에 가면 아비뉴 프랑이라는 상가가 있습니다. 유명 식당들과 패션·뷰티 매장들이 유럽풍 분위기로 꾸며져 많은 관심을 받았습니다. 하지만 300m 거리에 판교 현대백화점이 입점하면서 영업에 큰 지장이 있었다고 합니다. 판교 현대백화점은 외식과 리테일(소매), 엔터테인먼트 시설(영화관, 문화센터 등)을 갖춘 복합 쇼핑몰 기능을 하기 때문

판교 호반 아비뉴 프랑 스트리트형 상가이다. 아비뉴 프랑은 낭만적인 파리 스트리트의 컨셉을 유지하기 위해 분양이 아닌 전체 직영임대 방식으로 선별적 MD구성을 한 사례이다.

에 주변 상가들과 콘셉트가 겹칠 수밖에 없으며, 영향도 클 수밖에 없습니다. 대형 유통시설이 주변상권에 어떤 영향을 미치는지 잘 보여준 사례입니다.

그래서 상가투자는 사는 것도 중요하지만 파는 일도 중요합니다. 꼭 팔아야 할 상황이 왔을 때, 미리 감지하지 못하고 안일한 마음으로 넋 놓고 있다가는 큰 손해로 연결될 수도 있습니다. 당장 상권도 좋고 세도 잘 나오는데 무슨 걱정이냐고 하다가도, 어느 순간 임차인이 매출에 큰 타격을 받으면서 월세를 밀리는 상황이 발생할 수 있습니다. 그때는 처분하려고 해도 좋았던 시기만큼 가격을 잘 받을 수 없습니다. 심한 경우에는 팔리지조차 않아 큰 걱정거리가 될 수 있으니, 팔아야 하는 타이밍을 대비하고 있어야 합니다.

가장 기본적이고 좋은 방법은 내 상가 인근에 대형 기반시설이나 신도시 건설계획이 있는지 늘 체크하는 것입니다. 해당 사업의 발표시기부터 진행과정을 보면서 잘 팔 수 있는 타이밍을 잡아 처분하고 새로운 투자에 나서는 것이 현명할 수 있다는 것이지요. 단, 이때도 앞에서 설명한 것처럼 새로운 시설과 내 상가가 속한 상권과의 관련 여부를 면밀히 따져야 합니다. 이처럼 <u>상권은 어떤 요인에 의해 혹은 인근 상권의 변화에 의해 움직입니다. 다만 그 속도가 빠르지 않아 쉽게 알아채기 힘듭니다. 따라서 미리 예측하고 변화를 지켜보며 대비하는 것이 중요합니다.</u>

B급 상권에서
황금알을 찾는 방법

　상권이 좋지 않고 투자가치가 떨어지는 지역은 누가 봐도 알 수 있습니다. 하지만 가지고 있는 자금의 한계로 어쩔 수 없이 좋지 않은 상권의 상가를 보게 되는 경우도 많을 겁니다. 필자는 개인적으로 상권이 좋지 않은 곳에 있는 상가도 그 가치보다 싸게 살 수 있다면 얼마든지 투자가치가 있다고 생각합니다.

　하지만 이러한 것도 상가를 보고 가치를 찾아낼 수 있는 '보는 눈'이 있어야만 가능합니다. 안목이 필요한 것이지요. 무조건 뜬구름 잡는 식으로 '좋은 상권의 좋은 상가'만 찾는 것이 아니라 내 상황에 맞는 가장 적합한 상가를 찾는 것이 중요합니다. 그렇다면 상권이 좋지 않은 B급 상권에서 투자를 하려면 어떻게 접근하는 것이 좋을까요?

🏠 관심과 노력이 수익을 키운다

　이쯤 되면 헷갈리기 시작할 겁니다. 좋은 상권의 상가는 비싸서 사기 힘들고, 좋지 않은 상권의 상가는 투자하면 안 된다고 하니 어떻게 상가를 찾으란 말인지 어려울 것입니다. 하지만 용의 꼬리보다는 뱀의 머리가 낫다고, 좋은 상권의 후미진 상가보다 변두리 상권의 버스정류장 앞 상가가 좋을 수 있습니다. <u>좋은 상권에만 눈을 두고 단정 지어 찾는 것보다 내 예산에 맞는 최선의 상가를 찾는 것이 더 중요합니다.</u>

　상가투자를 할 때 흔히 신도시 신축상가는 어렵다고 합니다. 기존의 상가보다 정보가 없다고 느끼기도 합니다. 하지만 결국 신도시의 상가 투자도 비슷합니다. 중심상가나 상권이 좋다 싶은 곳은 분양가가 높지만 근린상가 쪽으로 가면 상대적으로 가격이 낮습니다. 근린상가라 하더라도 내 예산에 맞게 잘 찾으면 가격 대비 위치나 여러 가지로 괜찮은 상가를 찾을 수 있습니다. 위례, 하남 미사 같은 신도시에 투자하기에 자금이 부족하다면, 해당 지역을 조금 벗어나서 구리 갈매지구나 남양주 다산신도시 같은 곳에 투자를 할 수도 있습니다. 이 지역들은 생각보다 그렇게 멀지도 않습니다.

　또 상권이 좋지 않은 지역에 나오는 상가매물 중에는 시세보다 싸게 나오는 것들이 있습니다. 회사에서 보유하고 있다가 자금이 필요해서 싸게 파는 경우도 있고, 경매로 넘어가기 직전에 나온 것도 있을 겁니다. 그런데 이런 상가들은 위치가 별로 좋지 않은 경우가 많습니다. 소위 말하는 상권과는 동떨어진 곳의 물건들일 수 있습니다. 하지만 이런 상가가 대박이 난다면 어떨까요? 중요한 것은 상가를 어떻게 활용할지, 어떤 사람에게 필요할지 상가투자자가 찾아내는 것입니다.

다음은 B씨의 실제 사례입니다. 경기도 모 산업단지 지식산업센터에 한동안 분양이 되지 않아 방치되던 상가가 있었습니다. 해당 건물이 산업단지의 끝 쪽에 있어 상가가 인기가 없었던 것 같습니다. 원래 이런 물건에 관심이 많던 B씨가 상가 현장에 와서 둘러보고는 나름대로 생각이 있었는지 분양담당자와 협상을 하기 시작했습니다. 그리고 상가를 매입합니다. 그걸 보고 주변에서는 저걸 어디다 쓰려고 받느냐, 돈만 날린 거다 등 별의별 소리가 많았습니다. 그런데 B씨는 그 점포를 상가로 임대 놓지 않고 창고, 사무실로 임대를 놓는 것이었습니다. 알고 보니 B씨가 원 분양가의 40% 정도 되는 가격에 매입을 해서, 상부층 지식산업센터 가격보다 면적 대비 저렴해서 가능했던 것입니다. 층고가

지식산업센터 1층상가로 통행로에 접하지만 조형물과 경사지로 인해 접근성이 떨어지는 곳이다.

높은 1층이라 창고, 사무실 용도로 금방 임차인이 들어왔습니다. 결국 높은 수익률을 확보한 B씨는 2년 뒤에는 좋은 가격에 팔았으니 얼마나 쏠쏠한 투자입니까?

물건을 보고 어떻게 활용할지 알았고, 내 기준이 있었기 때문에 남들이 안 된다고 쳐다보지도 않던 상가로 성공 투자를 한 사례입니다. B씨의 사례처럼 좋은 결과를 낼 수 있다면 한 번 쯤 뒤집어서 생각해볼 만하지 않을까요? 꼭 상권이 좋아야 투자가 성공하는 법이 아니며, 상권이 그렇게 좋지 않더라도 투자 메리트만 찾을 수 있으면 얼마든지 투자가 가능합니다.

앞에서도 계속 강조하고 있지만, 이왕이면 좋은 상권의 좋은 상가를 사는 것이 좋습니다. 그러나 관심 받지 못하는 외진 곳의 상가도 좋은 투자처가 될 수 있습니다. 상가투자를 이제 막 시작하는 초보자들이 처음부터 이런 상가에 투자해서 수익을 올리는 것은 어려운 일이겠지만, 기본적인 투자부터 일단 시작하는 것이 중요합니다. 내 자금에 맞는 투자처를 찾고 해당 상가의 특성을 잘 살펴 어떤 업종들에 임대를 놓고 얼마를 받으면 적당할지 정해놓고 시나리오를 짜보면 됩니다. 그러면 상가의 가격과 대비해 투자가치가 있는지 없는지 잘 판단할 수 있을 것입니다.

Step 05.

스마트한 상권분석 1
_로드뷰 · 빅데이터 활용

편리하고 좋은 세상입니다. 책상에 앉아서 클릭 한 번으로 전국 어디든 우리 동네처럼 들여다보는 것이 가능해졌습니다. 스마트폰을 통해 어디서든 정보를 찾아볼 수 있습니다. 거기다 요즘은 온라인 없이는 투자도 하기 힘든 시대입니다. 각종 정보부터 권리관계까지 웬만하면 온라인으로 확인해야 합니다. 물론 발로 뛰는 현장답사까지 대신할 수는 없지만 답사할 때의 수고를 도와주는 역할을 합니다.

🏛 빅데이터를 파악해야 살아남는다

인터넷 포털 사이트에 가서 주소만 치면 상세지도를 볼 수 있고, 전국 방방곡곡의 도로와 건물까지 직접 사진으로 볼 수 있는 로드뷰라는 서비스가 있습니다. 이것을 이용하면 최근 현황뿐만 아니라 몇 년 전 사진까지 나오기 때문에 수년간 상가와 상권의 변화를 파악할 수 있습니다. 뿐만 아니라 각종 정보 사이트를 통해 분양정보가 사실인지 아닌지도 알 수 있고 주변 개발계획부터 세금, 가격시세, 전망까지 찾아볼 수 있습니다.

사실 얼마 전만해도 상권을 조사할 때는 현장이 답이었습니다. 무조건 현장 돌아다니면서 일일이 그림을 그려서 상권지도를 만들었습니다. 지금도 직접 해야 눈에 들어온다고 그리는 분들이 있지만, <u>시대의 흐름은 이른바 빅데이터입니다. 엄청나게 방대한 정보를 공공기관 등에서 아주 상세하게 프로그램으로 만들어 정리해놓았기 때문에, 이런 데이터와 현장정보를 적절하게 활용하면 내가 원하는 정보를 쉽게 찾을 수 있을 것입니다.</u>

상권분석도 마찬가지입니다. 상권정보시스템을 이용해서 상권분석 관련 데이터를 쉽게 확인해볼 수 있습니다. 100% 정확하지 않아도 원하는 지역의 상가현황이나 업종별 매출비교에 인구분석까지 알 수 있습니다. 하지만 이 시스템은 창업을 위한 정보제공을 목적으로 하기 때문에 상가투자자 입장에서는 필요한 현장정보를 얻는 정도로 이용하면 됩니다. 일단 기존상권 상가는 로드뷰만 확인해도 주변에 입점한 상가들을 파악할 수 있습니다. 로드뷰의 지도를 통해 인근 배후지나 교통관계, 상권크기 등을 파악하면 됩니다. 그 정도만 확인해도 투자에 큰 도움이 됩니다.

요즘 발품보다 중요한 것이 손품이라고 합니다. 특히 스마트폰이 대중화되고 나서는 거의 모든 분야에서 대면보다 온라인을 통한 비즈니스 비중이 높아지고 있지요. 모바일시장은 더 이상 반론을 제기할 수 없는 대세가 되었습니다. 하지만 부동산이나 상가의 투자정보나 빅데이터가 정리된 프로그램 등은 아직 모바일보다 인터넷을 통해 확인하는 것이 훨씬 보기가 편합니다. 따라서 모바일은 위치 정보 등을 그때그때 찾는데 활용하고, 상권파악 등 다소 무거운 정보는 PC를 활용하면 좋습니다.

또 인터넷 자료를 찾아보면 정제되지 않은 정보들도 많지만, 괜찮은 내용을 담은 알찬 정보도 많이 있습니다. 요즘 신도시나 도심권 부동산 사무실의 영업방식은 온라인에 기반한 마케팅에 집중하고 있습니다. 블로그는 기본이고 양질의 콘텐츠를 담은 카페나 동영상까지 제작해서 온라인에 노출시키고 있습니다. 이러한 정보를 잘 활용하는 것도 좋은 방법입니다.

🏠 어떤 상권분석 시스템을 사용할 것인가?

1. 상권정보시스템(http://sg.sbiz.or.kr)

상권정보시스템은 중소기업청 산하의 기관인 소상공인시장진흥공단에서 운영하는 사이트입니다. 이 상권정보시스템은 창업자를 위한 지도기반 데이터 서비스로 2006년에 개발되었습니다. 27종의 데이터를 활용하여 49개의 분석정보와 점포평가, 점포이력, 창업과밀지수를 서비스합니다. 다양하고 폭넓은 상권 데이터가 꾸준히 업데이트되는 사이트입니다.

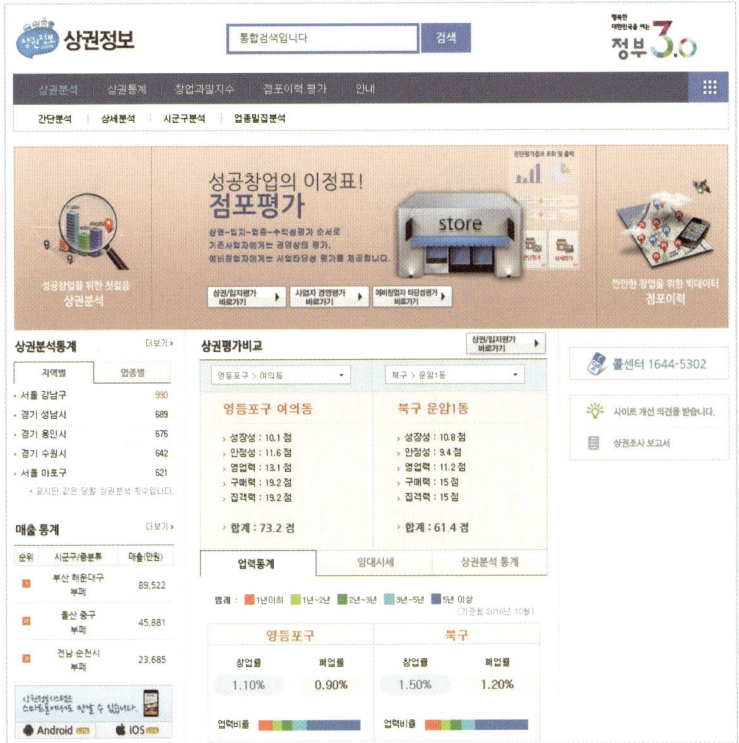

2. 지오비전(http://www.geovision.co.kr)

지오비전은 SK텔레콤에서 제공하는 빅데이터 서비스플랫폼으로 지오그래픽 기반으로 개인, 창업자, 중소기업 등에 맞춤형 빅데이터를 제공합니다. 소상공인을 위해 상권비교분석 서비스를 무료로 제공하기도 합니다. 점포개설, 타깃층 분석, 매출분석, 매장관리 등 예비 창업자에게 필요한 정보들을 종합적으로 분석해주기도 합니다. 참고로 유료 서비스입니다.

3. 나이스비즈맵(http://www.nicebizmap.co.kr)

나이스비즈맵은 유료서비스로 방대한 분석DB를 바탕으로 다양한 맞춤 정보를 제공하는 사이트입니다. 예상매출, 경쟁현황, 이용고객 특성, 지역정보 등의 각종 통계 데이터를 활용해 상권을 분석해줍니다. 지오비전과 비슷한 유료 상권 서비스입니다.

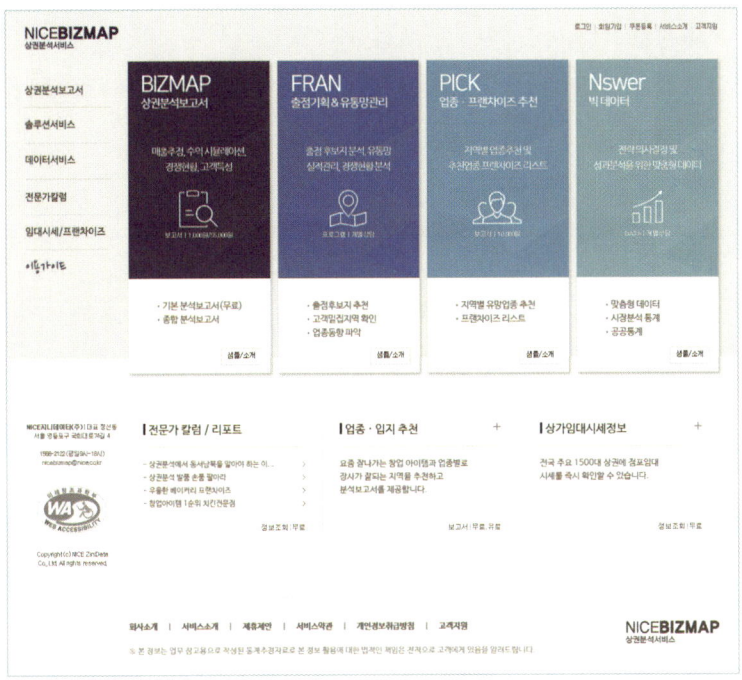

4. 네이버 데이터랩(http://datalab.naver.com)

포털 사이트 네이버에서 운영하는 '네이버 데이터랩'은 창업자가 트렌드 분석을 할 때 유용합니다. 상가투자자도 이러한 창업자들이 참조하는 트렌드를 알아둘 필요가 있으므로 참고할만합니다. 소비자의 구매행태와 지역별 인기 키워드를 쉽게 알 수 있으며, 민간기업이 제공하는 정보뿐만 아니라 공공기관에서 제공하는 각종 데이터도 한 번에 볼 수 있는 장점이 있습니다.

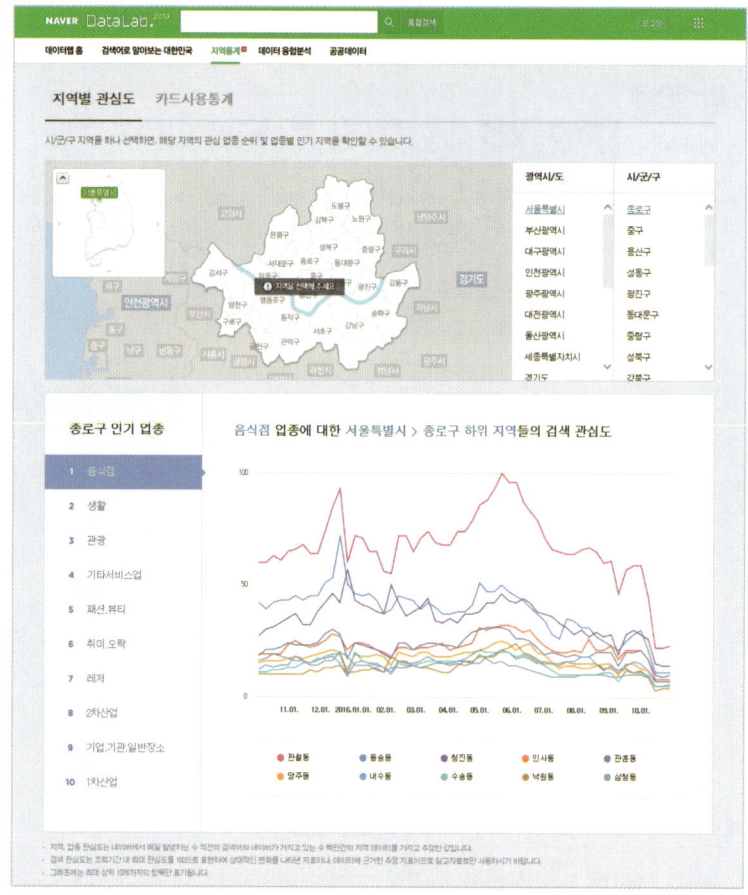

5. 서울시 우리마을가게(http://golmok.seoul.go.kr)

서울시 우리마을가게는 서울시가 운영하는 상권분석 서비스입니다. 서울시가 이미 보유하고 있거나 외부기관과 협력하여 다양한 빅데이터를 제공하고 있습니다. 자영업자가 가장 많이 창업하고 있는 43개의 생활밀착 업종의 다양한 정보를 상권단위로 제공합니다.

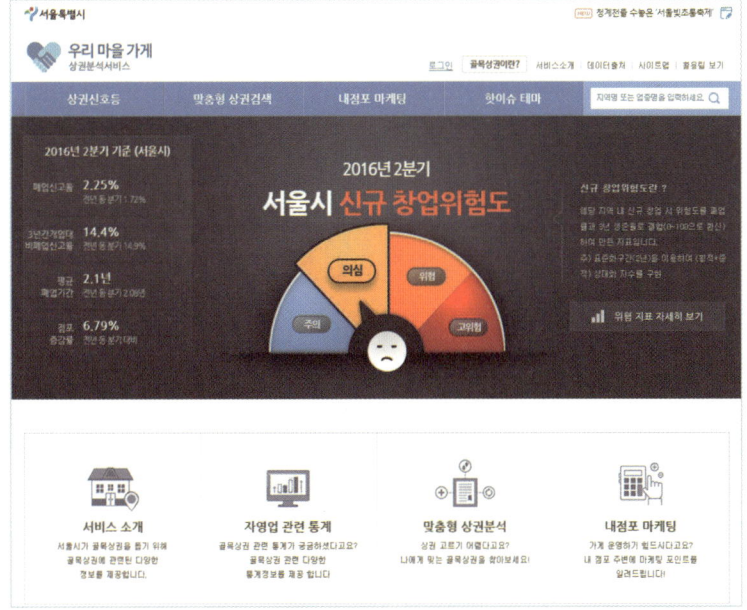

Advice 04

· 포털 사이트 지도와 로드뷰로 현장 미리 둘러보기

1. 검색 창에 찾아볼 지역을 입력합니다(주소 입력 가능).

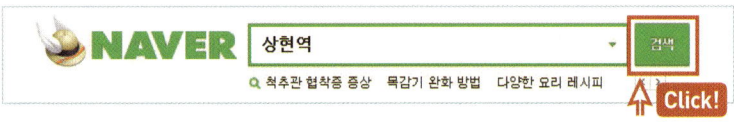

2. 지도 화면 우측 하단의 크게 보기를 클릭합니다.

3. 전체 지도가 나오면 우측 상단의 로드뷰를 클릭합니다.

4. 로드뷰가 가능한 도로 위로 파란색 라인이 보이는데, 이 중에서 확인하려는 지역을 클릭하면 주변 건물을 볼 수 있습니다. 주변을 여기저기 클릭해서 인근 상권의 분위기와 현황을 파악할 수 있으며, 굳이 현장에 나가지 않아도 판단할 수 있는 지역도 있습니다.

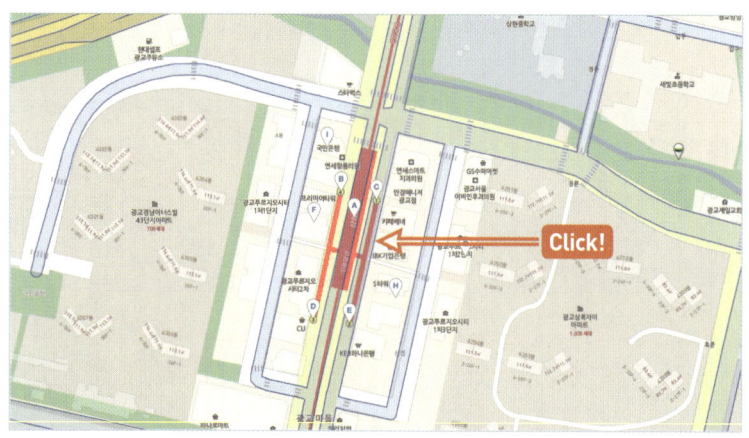

5. 클릭한 지점에서 건너편 건물들이 보입니다. 이때 좌측 상단을 보면 로드뷰에 촬영날짜가 기록되어 있는데, 클릭하면 과거 촬영시점도 볼 수 있습니다.

6. 2014년 8월 로드뷰를 확인해봅시다.

7. 2014년 8월 촬영한 당시의 상황을 알 수 있습니다. 확대도 가능하기 때문에 주변상가의 변화까지 볼 수 있습니다.

Chapter 2 상권분석으로 좋은 상가 찾기

　로드뷰를 이런 식으로 활용하면 현장답사 전 사전판단에 유용합니다. 지역에 따라 업데이트가 1~2년씩 미뤄진 곳도 있기 때문에 완벽하지는 않지만, PC나 스마트폰으로 현장상황을 체크할 수 있다는 것이 큰 장점입니다. 특히 네이버와 다음의 업데이트 시기가 다르므로 적절하게 사용하면 좋습니다.

Advice 05

· **상권정보시스템 활용하기**

상권정보시스템으로 상권분석은 다음의 순서대로 하면 됩니다. 이 시스템은 창업자 위주의 정보이기 때문에 상가투자자 입장에서는 적용하기 어려울 수 있습니다. 또한 이러한 데이터를 투자에 어떻게 활용할지도 감을 잡기 힘들 겁니다. 그래서 초보투자자라도 활용할 수 있는 방법 위주로 살펴보겠습니다. 기본적인 것을 익히고 조금씩 적용범위를 늘리면 됩니다.

1. 상권정보시스템은 회원가입이 필요한 곳입니다. 로그인 후 메인화면에서 상권분석 메뉴를 클릭합니다.

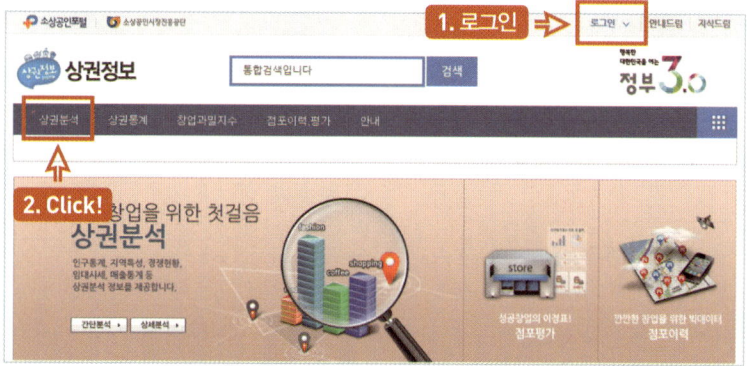

2. 상권분석 하위메뉴 중에 상세분석을 클릭합니다.

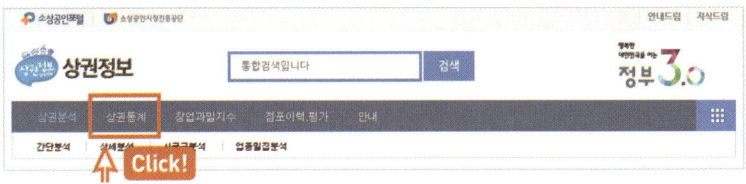

3. 좌측 상세분석 메뉴에서 지역, 상권, 업종을 입력할 수 있습니다. 1번에서 주소나 상호로도 가능하지만 주요지역 탭을 클릭해 지역을 선택하면 상권이 표시되어 나옵니다. 2번 메뉴는 특정지역에서 내가 원하는 면적만큼 분석을 해주는 기능입니다.

4. 1번에서 경기도 성남시 지역을 선택하고 2번에서 서현역 상권을 클릭합니다. 3번에서는 업종선택을 하면 됩니다.

5. 업종선택은 대분류, 중분류, 소분류로 나누어지는데, 투자대상 상가에 어울릴 만한 업종을 선택해서 보면 됩니다. 20~30대 젊은 층이 선호하는 업종으로 찾아보면 판단에 도움이 됩니다. 또한 업종에 상관없이 유동인구나

임대시세 등의 정보는 일괄적이기 때문에 어떤 업종을 지정해도 괜찮습니다. 업종을 지정했다면 아래쪽 상권분석하기를 클릭합니다.

6. 상세 상권분석 결과를 보면 주 내용은 개요, 업종분석, 매출분석, 인구분석, 지역분석입니다. 개요 부분의 정보요약을 확인하면 역 상권의 바운더리에 거주하는 인구수와 직장인구수가 나옵니다.

7. 업종분석에서 대분류 업종현황을 살펴봅니다. 전년대비 업소 숫자의 증감 상황을 알 수 있습니다. 서현역 상권의 업소는 전반적으로 증가했습니다.

8. 매출분석의 매출추이를 클릭하면 최근 6개월 동안의 데이터가 나옵니다. 해당 지역은 기간 동안 큰 변동사항이 없는 것으로 나옵니다.

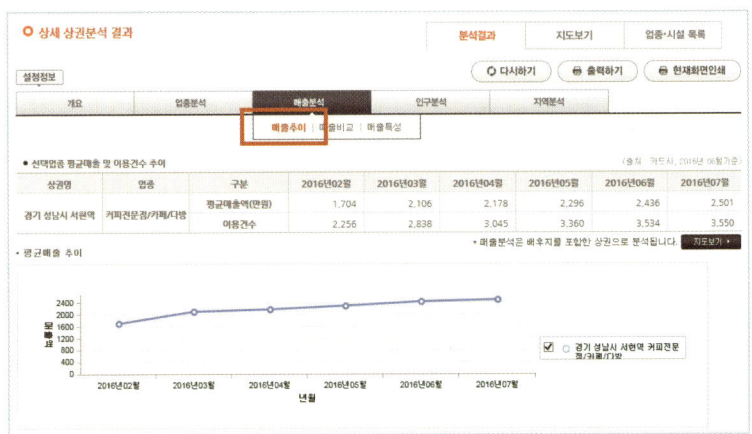

9. 인구분석 부분에서 먼저 유동인구 분석을 보면 30~40대가 많은 것을 알 수 있습니다. 실제로 서현역 상권은 젊은 층이 많이 찾습니다. 하지만 낮 시간대에는 백화점을 이용하는 연령대와 직장인들이 많은 특성으로 데이터 상 연령대가 다소 높게 나오는 것이라고 판단됩니다. 또한 이런 내용은 데이터만으로는 알 수 없기 때문에 현장조사로 직접 확인해야 합니다.

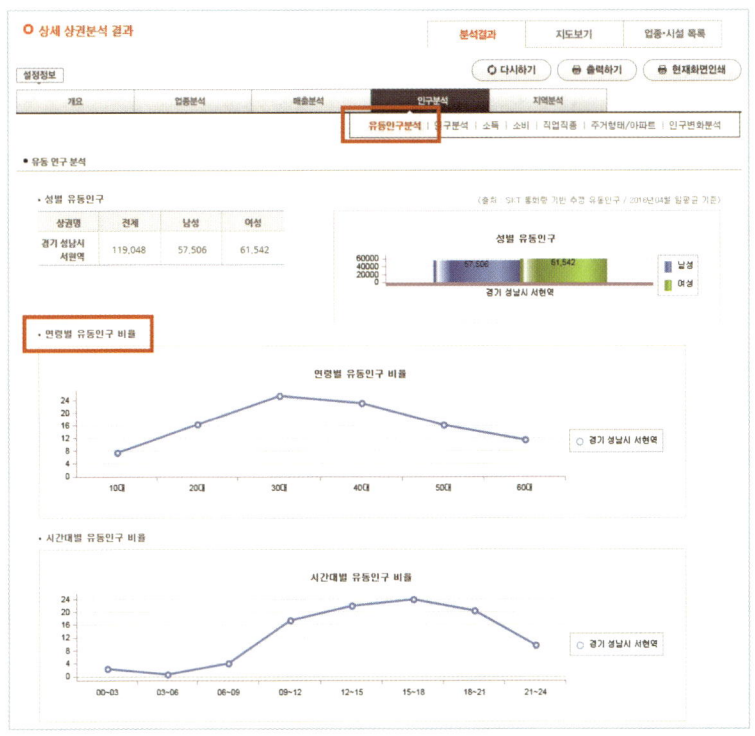

또한 월별유동인구가 보면 1년 전 대비 약간 감소했는데, 이 부분은 현장에서 원인을 찾아야 합니다. 현장에서는 해당 지역의 중개업소를 방문해 상황을 듣거나 인근 상인들에게 알아보면 어느 정도 상권현황을 파악할 수 있습니다.

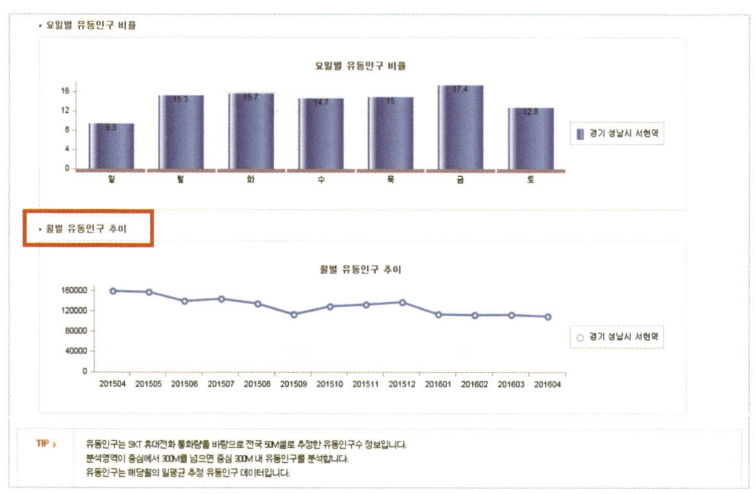

10. 인구분석 탭을 클릭하면 연령대별 인구현황을 알 수 있습니다.

11. 인구분석 탭에서 인구변화 분석을 보겠습니다. 최근 이 지역이 몇 년간 주거나 직장인구 변화가 크지 않았다는 것을 알 수 있습니다. 기업이 많이 들어와 있는 상권의 특성에 맞게 인근 개발지역으로 기업이전이 많이 일어날지에 대한 것은 데이터와 별도로 현장조사가 필요합니다.

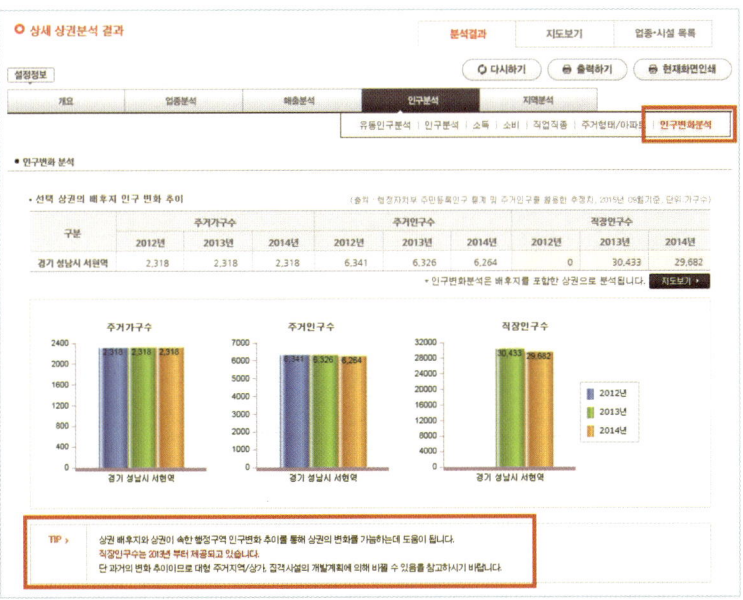

12. 지역분석 탭의 교통시설을 확인해보면 서현역 일일 승하차 인원을 파악할 수 있습니다. 2014년 기준으로 약 52,000명입니다. 이 데이터는 유동인구의 바로미터이기 때문에 최근의 변화추이와 현재 이용량 모두 유용한 정보입니다.

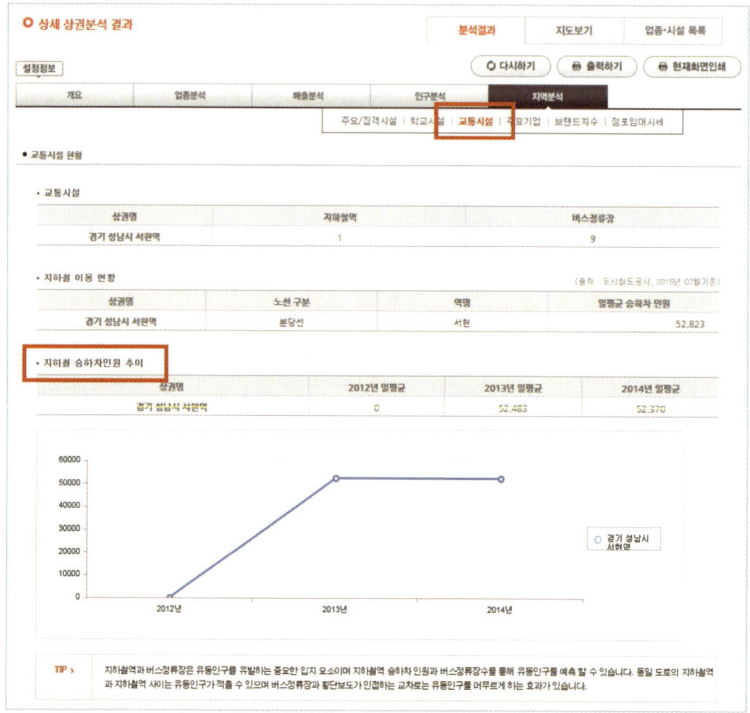

13. 마지막으로 점포임대시세를 봅시다. 임대시세 파악은 상가의 현재가치 파악을 위해 상당히 중요합니다. 데이터 상의 평균 임대시세는 실제 임대시세와 큰 차이가 있습니다. 이 부분도 반드시 현장조사가 필요합니다.

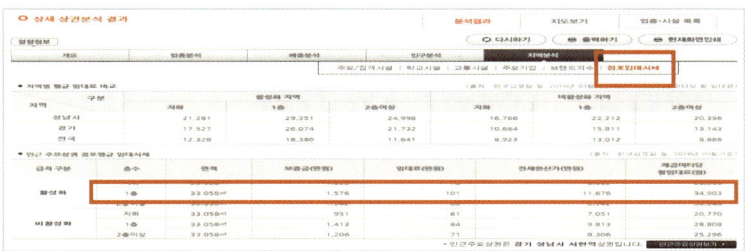

　조금만 찾아보면 빅데이터 기반의 상권정보 시스템 종류가 많습니다. 다만 그것을 어떻게 활용할 것인가가 관건입니다. 이런 것은 결국 손에 익을 수 있게끔 연습하는 방법밖에 없습니다. 아무리 좋은 매뉴얼이 있어도 직접 해보지 않으면 알 수 없습니다. 내가 찾는 지역의 연령대, 유동인구, 주요업종 같은 특성을 알아보는 방법만 익혀도 투자에 좋은 무기가 될 수 있습니다.

스마트한 상권분석 2
_계획도 100% 활용법

　기존 시가지의 상권은 눈으로 볼 수 있고 온라인 포털 사이트 지도를 통해서도 확인할 수 있습니다. 그런데 신도시나 택지지구에 신규로 공급하는 상가들은 어떻게 판단할 수 있을까요? 현장을 가봐도 신도시 분양 초기에는 허허벌판인 경우도 있고, 진행되어도 도로구획이나 필지정리가 되어 있는 정도일 것입니다. 이때는 인터넷 지도에도 반영되기 전이라 별 도움이 안 됩니다. 그럴 때 유용한 아이템이 토지이용계획도라는 신도시 전체가 용도별로 표시된 도면입니다. 그러나 이것만으로는 상세히 알기가 어렵습니다. 분양업체나 부동산 사무실에서 계획도면에 세부내용을 입힌 '신도시 안내도(이하 안내도)'라는 개발계획도면을 제작하여 나눠주는데, 이것이 신도시 투자에 꼭 필요한 자료가 됩니다.

🏠 신규상가 정보는 이렇게 파악하라

안내도를 자세히 살펴보면 입주할 아파트의 예정 시기나 상가 위치, 인근 기반시설까지 모두 표기가 되어 있어 전문가들도 상권이나 상가를 파악하는 데 도움을 얻습니다. 안내도를 펼치면 큰 테이블이 꽉 찰 정도인데, 뒤에 나오는 사진을 보면 가운데 쯤 빨간색으로 표시된 중심상업지역이 넓게 자리 잡고 있고 주변에 근린상업지역이 하나씩, 그리고 다른 한쪽으로 일반상업지역이 배치된 모양이 기본입니다. 지도를 보면 가장 중심이 되는 곳은 어디쯤이고 역이 생기는 자리는 어디인지, 주변에 배후지가 많은 상업지역은 어디인지 한눈에 들어옵니다. 물론 처음에는 뭐가 뭔지 모를 수밖에 없습니다. 그러나 자꾸 보고 동선과 좋은 자리가 어디인지 연관 짓다 보면 윤곽이 보이기 시작할 것입니다.

안내도는 신도시 현장에 많습니다. 길에 나와 서서 호객행위를 하는 분양직원들이 분양자료와 함께 나눠주기 때문에 현장에 가면 쉽게 구할 수 있습니다. 또 가능하다면 분양사무실에 가서 설명을 들어보는 것도 좋습니다. 그 지역의 여러 가지 장점을 파악하는 데 도움이 될 것입니다. 다른 상가의 단점도 같이 듣게 되니 일석이조의 효과를 기대할 수 있습니다. 주의할 점은 상가를 잘 모르는 상태에서 이런저런 설명을 듣다가 그 자리에서 충동적으로 청약금을 걸 수도 있다는 것입니다. 남의 얘기 같지만 실제로 그런 사람들이 많습니다.

그렇게 해서 잘되면 좋지만 불확실한 일에 자칫 손해를 볼 수도 있습니다. 기준과 원칙이 명확히 준비된 사람이라면 단번에 결정할 수도 있겠지만, 아직 그렇지 못하다면 좀 더 신중할 필요가 있습니다. 이 부분은 상가투자 경험이 많은 투자 고수들도 마찬가지입니다. 고수들은 상가를 팔 타이밍이라고 생각해서 시장에 내놓으면, 그때부터 새로운 상가를 찾는데 집중합니다. 아무리 기존상권의 상가라고 해도 자세하게 상권과 상가의 특성을 파악하고 난 후에야 투자로 이어집니다. 하물며 투자경험이 부족한 초보투자자들은 신도시 투자를 할 때 여러 가지 불확실한 상황을 따져봐야 하기 때문에 더욱 신중해야 하는 것이 당연합니다.

🏠 개발계획도 · 안내도를 어떻게 활용할 것인가?

신도시 개발계획도(안내도)는 말 그대로 아파트, 상가, 학교, 공원, 각종 기반시설 등을 전부 표시해놓은 친절한 지도입니다. 이 지도를 부동산사무실이나 분양현장에서 홍보물로 사용하기 때문에 현장에 방문하면 쉽게 구할 수 있습니다. 하지만 이것도 신도시 입주가 끝나고 시간이 흐르면 구하기가 힘듭니다. 이 안내도로 어떻게 상권을 예측해야 하고, 체크할 것은 무엇이 있을까요?

첫 번째, 도로입니다. 지도를 잘 보면 도로의 폭을 예상할 수 있습니다. 도로의 폭을 예상할 수 있으면 지도의 도로가 어떤 도로인지, 그 도로가 상권에 어떤 영향을 미치는지 쉽게 예상할 수 있습니다. 예를 들면 8차선이 넘어가는 광폭도로는 길 건너 배후지에서 건너오기 불편하기 때문에 상가와의 연계가 어려우며, 폭이 좁은 보행자 도로는 먹자골목이 형성될 가능성이 높다는 것을 알 수 있습니다. 또 건물 뒤쪽으로는 주차램프와 조경시설 등이 설치되므로 상가끼리 연결이 잘 안 되는 점을 알 수 있는 것이지요.

두 번째, 공원과 완충녹지입니다. 앞에서도 말했지만 공원이나 완충녹지는 상가와 별로 좋은 관계가 아닙니다. 상권이 단절되기도 하고 동선의 장애물이 될 수도 있기 때문입니다. 또 공원은 대체로 야외에 노출되어 있다 보니 수변공원처럼 여름에는 사랑받아도, 겨울이 되면 발길이 뜸해지는 특성이 있습니다.

세 번째, 아파트 출입구, 학교 등의 위치입니다. 시설들의 위치를 보고 동선을 파악해볼 수 있는 것입니다. 여기서 아파트 입주민들의 동선은 근처 상가나 교통시설 등을 이용하기 위해 주로 다니는 길을 말합니다. 보통 주 출입구 쪽에서 버스정류장이나 지하철로 향하는 경우가 많습니다. 이것은 인근의 기반시설이 생기는 위치와 연결해서 보면 예상할 수 있는 방법입니다. 이때 주의할 점도 있습니다. 아파트는 출입구를 제외하고는 펜스로 막히기 때문에 상가가 아파트와 붙어 있어도 펜스 앞에 있다면 좋은 위치라고 볼 수 없습니다. 따라서 아파트 단지와 맞붙어 있는 상가라도 출입구가 어디에 있는지 잘 살펴야 합니다.

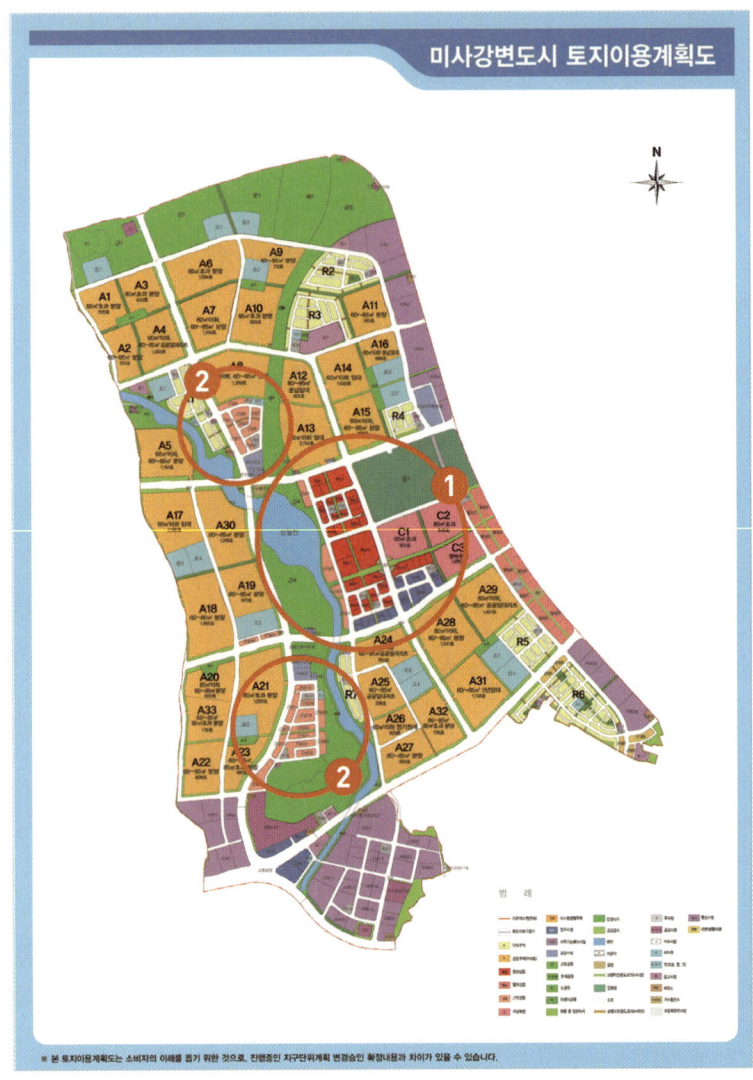

① **중심상업지역** : 업무시설, 상업시설이 집중되는 지역으로 도시의 중심지 역할을 하는 곳입니다. 각종 상업시설을 비롯해 유흥시설이 가능하기 때문에 투자가치가 높은 지역입니다.
② **근린상업지역** : 주로 주거지와 근접하게 위치하여 학원, 병원 및 일반 생활밀접 업종으로 상가가 형성되는 지역입니다.

① **신설 지하철역 표시** : 신설되는 지하철역이 표시되어 역세권 중심으로 형성되는 상권을 예측해볼 수 있습니다.
② **아파트 출입구 표시** : 아파트는 출입구와 일부 장소를 제외하면 전부 펜스로 막히게 되므로, 주 출입구와 주변시설을 보고 동선을 파악해볼 수 있습니다.
③ **아파트 입주정보** : 아파트의 입주시기와 세대수, 면적 등이 표시되기 때문에 인근 상가의 투자시점과 배후지 인구 수 등을 예상할 수 있습니다.

상가에 투자하는 여러 가지 방법

상가투자에서 어떤 상가를 살 것인지도 중요하지만, 어떻게 살 것인지도 생각해야 합니다. 투자방법은 크게 기존에 임대된 상가를 사는 방법, 신규분양을 받는 방법, 경매 혹은 공매로 투자하는 방법이 있습니다. 상가투자를 처음 시작할 때 대부분은 기존상가 중에서 괜찮은 물건을 찾기가 어려워 분양으로 전환합니다. 경매·공매도 역시 초보자가 하기에는 어려운 방법입니다.

🏠 상가는 어떻게 투자하나?

기존상가 투자방법

기존상가는 보통 부동산 중개사무소를 통해 투자가 이루어집니다.

하지만 급매물로 나온 경우가 아니면 대부분 비싼 호가에 나오기 때문에 마음에 드는 상가를 찾기가 어렵습니다. 꼭 당장 월세를 받을 수 있는 상가를 찾아야 한다면, 원하는 몇몇 지역을 선정하고 그 지역 내 부동산과 자주 접촉해야 합니다. 그래야 좋은 조건의 상가가 나왔을 때 먼저 안내를 받을 수 있습니다. 단, 빨리 판단하고 빨리 계약을 진행해야 합니다.

그러나 이러한 방법도 기본적으로 상가를 보는 눈이 있어야 가능한 일입니다. 좋은 조건의 상가가 나오는 일 또한 많지 않기 때문에 어느 정도 기다릴 줄 아는 인내심도 필요합니다. 가능한 여러 지역에 준비를 해둔다면 가능성이 좀 더 높아질 것입니다.

신축상가 투자방법

신축분양상가는 기존상가들이 활성화되는 과정에서 생기는 프리미엄이 없는 상가입니다. 그래서 투자만 잘하면 좋은 결과가 나오는 장점이 있습니다. 어차피 신도시 상권은 예측하는 개념이므로 개발계획도(신도시 안내도)를 통해 동선을 파악하고 좋은 위치인지 여러 각도로 생각해보는 노력이 필요합니다. 이때 가능하면 기존 신도시의 상권변화 사례를 알아보는 것도 투자여부를 판단하는 데 도움이 됩니다. 상가분양은 잘못하면 큰 손해를 보지만, 잘만 받으면 가장 좋은 투자방법이 될 수 있습니다.

신축상가는 길게 보유하면서 임대소득과 시세차익까지 볼 수도 있고, 계약 후 잔금을 치르기 전에 전매차익을 볼 수도 있으며, 입주시점에 권리금 수익까지 얻을 수 있는 장점이 있습니다. 또한 계속 강조하지만 좋은 위치의 상가에 투자하는 것이 중요하겠지요.

경매상가 투자방법

　상가에 투자하는 마지막 방법은 경매·공매를 통해서 구분상가를 낙찰 받는 것입니다. 단점은 원하는 지역에 원하는 물건이 나올 가능성이 희박하다는 것입니다. 그래서 가능성을 조금이라도 높이려면 발품을 팔아 투자범위를 넓히는 것이 필요합니다. 또 경매나 공매로 인해 발생하는 여러 가지 권리관계에 대해 분석할 수 있는 안목도 중요합니다. 한마디로 경매투자는 가능성은 희박하면서 난이도가 높은 투자방법입니다. 복잡한 권리가 얽혀 있거나 상권파악이 어려우면 바로 손해로 이어질 수 있으니 충분한 준비와 전문가의 도움이 필요합니다.

　앞에서 다룬 3가지 방법이 상가투자를 할 때 접근하는 기본적인 방법입니다. 상가에 대한 이해가 깊지 않고 투자금액이 크지 않다면 무리한 투자보다는 내가 사는 지역의 소액상가에 투자해서 성공을 경험해 보는 것도 좋습니다. 내가 사는 지역은 이미 상권도 잘 알고, 상가에 어울릴만한 업종도 쉽게 알 수 있기 때문입니다.

　그런 다음에 신규분양상가나 경매상가로 점차 영역을 넓히는 것이 바람직합니다. 소액상가라도 투자를 위해 이것저것 알아보다 보면 상가에 대해 생각도 많이 하게 되고, 경험도 쌓일 것입니다. 기존상가나 분양, 경매를 통한 투자는 방법이 서로 다르지만 따져보면 결국 같은 상가투자입니다. 실패 없는 성공투자를 위해서는 상가의 원리와 상권을 보는 눈을 기르는 것이 먼저입니다. 나에게 부족한 부분이 있다면 그런 부분은 전문가의 도움을 받으면 되고, 그렇게 준비하면서 투자의 원칙을 세우고 가다보면 어느샌가 초보 딱지를 뗄 수 있을 것입니다. 그러면 좀 더 높은 수준의 상가투자를 하고 있는 자신을 발견할 수 있을 것입니다.

2단계 요점정리

Step 01 상권 및 배후지의 정의와 생애주기 파악하기

Step 02 상권분석의 방법 익히기
→ 숲을 보는 지역분석과 나무를 보는 개별분석

Step 03 상권변화 민감하게 대처하기

Step 04 로드뷰 사용방법과 빅데이터 활용하기
- 상권정보 시스템 :: http://sg.sbiz.or.kr
- 지오비전 :: http://www.geovision.co.kr
- 나이스비즈맵 :: http://www.nicebizmap.co.kr
- 네이버 데이터랩 :: http://datalab.naver.com
- 서울시 우리마을가게 :: http://golmok.seoul.go.kr

Step 05 개발계획도를 활용하여 신규상가 정보파악하기

Step 06 상가에 투자하는 3가지 방법 익히기

Chapter
3

임장, 반드시
현장에서 확인하라

현장,
눈높이부터 맞추자

　상가투자를 결심하면 열심히 책도 읽고 인터넷도 뒤져보면서 이런저런 지식을 쌓아갑니다. 그러다 어느 정도 감이 오고 살짝 자신감도 붙으면 이제는 현장에 가서 직접 보고 싶어질 것입니다. 좋은 생각입니다. 일단 부딪혀보는 것이 중요합니다. 현장을 몇 번이고 가서 설명도 듣고 투자고민을 하다보면 어느 정도 판단이 되기 때문입니다. 다만 현장으로 가기 전 꼭 알아야 할 게 있습니다. 무엇일까요?

🏛 완벽한 조건의 상가는 없다

　일단 시장의 현실을 알아야 합니다. 대부분 상가투자를 하면 바로 월세를 받을 수 있는 목 좋은 상권의 멋진 상가를 찾습니다. 그런데 현실은 어떨까요? 연 수익률 6%짜리 상가는 찾아보기 어렵고 평소 생각했던 좋은 위치의 상가 또한 매물이 거의 없습니다. 간혹 있어도 말도 못하게 비싸게 부르지요. 부동산에 급매물로 좋은 상가가 나오면 연락달라고 부탁해놓지만, 쉽지 않습니다. 또한 나온다 해도 부동산에서 직접 매입을 하거나 친한 투자자에게 갈 가능성이 높습니다.

괜찮은 물건이 나와서 연락을 받았다고 하더라도 나의 기대치가 현실적이지 않으면 절대 만족할 수 없기 때문에 다른 사람이 가져가는 것을 지켜만 보게 됩니다. 그리고 한참 뒤에야 '그때 그걸 샀어야 했는데' 하고 후회하지요. 이런 경험은 투자를 해본 사람이라면 한 번쯤은 다 있을 겁니다. 필자도 많이 경험해봤습니다. 이렇게 몇 번씩 기회를 놓치다가 상가는 본인과 안 맞는다고 포기하는 사람도 있고, 시간이 지나서야 현실적인 부분을 파악하고 제대로 된 투자를 시작하는 사람도 있습니다.

신도시 분양상가 역시 마찬가지입니다. 기존상가에서 괜찮은 물건을 찾기 어렵다는 것을 알게 되면 마냥 기다리느니 신도시 쪽에 좋은 자리로 미리 분양받는 것이 더 낫다는 판단을 하는 경우가 많습니다. 하지만 <u>분양상가도 기대치와 현실의 장벽을 극복해야 합니다.</u> 초기 분양가가 너무 터무니없이 높다고만 생각하거나 완벽한 조건만 찾는다면 투자는 더 힘들어집니다. 최근 상가분양가가 높은 것은 사실이지만 그것을 부정하기에 앞서 비싼 중심상가에 투자한 사람들이 다 실패한 투자자가 아니라는 것도 생각해봐야 합니다. 따라서 현장에 나가서 가장 먼저 할 일은 상가시장에 대한 현실적인 부분을 이해하고, 나의 투자목적과 기준을 현실성 있게 조정하는 일이 될 것입니다.

몇 년 전에 잘 아는 분이 투자를 도와달라고 연락이 온 적이 있었습니다. 그래서 기꺼이 시간을 내서 같이 상가를 보러 다녔습니다. 그렇게 괜찮은 물건을 찾아다니다가 지인이 첫 투자로 딱 괜찮은 상가가 분양을 하고 있었습니다. 그래서 권유를 했는데 아예 마음에 들어 하지 않아 좀 민망했던 기억이 납니다. 처음에는 갸웃하다가 한두 개 더 보러다니다 보니 원인을 알았습니다. 그 분은 완벽한 물건을 찾고 있는 것이었습니다. 결국 그 지인은 3년이 지난 지금도 투자를 못하고 있습니다. 그 당시 추천했던 상가는 이미 탄탄한 임차인이 들어와 성업 중이라 더 안타까웠습니다. 대략 4억 5,000만 원 정도 되는 작은 1층상가였는데 이미 시세는 1억 원 이상 오른 상태였습니다. 입주 후 230만 원씩 2년 동안 임대료만 받아도 5,000만 원이 넘습니다. 세금과 기타 비용도 있겠지만, 은행이자만 받고 3년을 보낼 것과 비교하면 차이가 많이 나는 결과입니다.

어떤 선택을 할 것인가는 결국 투자자의 몫입니다. 꿈에 그리던 환상적인 조건을 가진 상가가 과연 있을까요? 불가능합니다. 그래서 상가 투자를 시작한다면 가장 먼저 생각해야 것이 현실적인 눈을 갖는 일일 것입니다. 혼자만의 힘으로 불가능하다면 전문가의 조언을 받는 것도 좋은 방법입니다. 기존상가의 경우는 지역 부동산사무소의 도움을 받는 것이 가장 좋습니다. 아무래도 지역전문가는 현지 부동산 사무소의 공인중개사일 테니까요. 신규상가도 마찬가지입니다. 전문가의 도움을 받는 것이 가격이나 효율성·안전성 면에서 훨씬 이득이 될 수 있습니다. 수억 원의 돈을 투자하는 것을 가볍게 여겨서는 안 됩니다. 단지 주변의 조언과 분양사 직원의 설명만으로 투자를 결정하는 것이 과연 좋은 방법일까요? 어떤 것이 현명한 투자방법인지 생각해봐야 합니다.

현장, 체크하고
또 체크해야 한다

상권파악 방법으로 지역분석과 개별분석을 말했습니다. 현장에서 물건을 보기 전에 투자할 지역을 자세히 알아보는 것이 지역분석이고, 현장 주변과 해당 상가를 살피는 것이 개별분석입니다. 결국 현장에 나가서 주로 할 일은 개별분석이라고 할 수 있습니다. 개별분석은 특정 상가의 개별적인 특성이 좋은 상가의 기준에 얼마나 부합하는지 체크하고, 투자해도 좋을지 판단하기 위한 것입니다. 체크사항이 어떤 것이 있는지 알아보고 현장에서 활용해보는 것이 필요합니다.

현장체크, 수익이 판가름나는 열쇠다

현장에서 체크할 사항은 크게 3가지 정도로 나눠볼 수 있습니다.

① 시세파악(매매시세, 분양시세, 임대시세, 권리금시세)

② 주변환경(입지, 유망업종, 지형지세, 향후 전망)

③ 상가현황(규모, 전면길이, 1층, 면적, 주차장, 기둥, 인도 폭, 엘리베이터, 화장실 위치 등)

시세파악

상가투자에서 가장 중요한 부분을 꼽으라면 역시 가격일 겁니다. 아무리 좋은 상가도 시세보다 비싸다면 투자대상이 될 수 없으니까요. 상가의 매매가격이나 분양가격이 적정한지, 즉 투자가치가 있는지 확인하는 것입니다. 그럼 어떻게 해야 적정한 가격을 알 수 있을까요?

포인트는 바로 임대시세입니다. 주변 임대수준을 알면 해당 상가의 예상임대료를 알 수 있고, 매매가격이나 분양가격의 예상임대료 대비 연 수익률을 파악할 수 있습니다. 예를 들어 1층상가에 투자했을 때 요구수익률이 6%라고 하고 예상임대료가 보증금 5,000만 원에 월 200만 원이라면, 상가의 적정가격은 4억 5,000만 원이 되는 것입니다. 이것을 다음의 계산으로 적정가격 체크를 해볼 수 있습니다.

- 상가가격 4억 5,000만 원 − 보증금 5,000만 원 = 투자금 4억 원
- 임대수익 월 200만 원 × 12개월 = 2,400만 원
  → 연 수익률(세전) = 2,400만 원 ÷ 4억 원 × 100 = 6%

주변의 임대시세를 알려면 기존상가는 인근 부동산 사무소에 문의하

면 됩니다. 3군데 이상 문의해보면 대략적인 시세가 나오기 때문에 비교적 쉽게 파악하 수 있습니다. 또한 기존상가에는 권리금이 있는데, 해당 상가에 어느 정도 권리금이 형성되어 있는지 알아두면 좋습니다. 이는 향후 임대료 협상에도 유리하며 상황에 따라 임대인도 권리금을 받을 수 있는 경우가 생기기도 하므로 가능한 정확히 알아보는 것이 좋습니다. 권리금이 높은 상가라는 것은 그만큼 입지와 상가 상태가 좋다는 것이기 때문에 투자가치가 좋은 상가일 가능성이 높습니다.

분양상가는 신도시 초기 상태라면 주변에 상가가 없기 때문에 인근 지역을 기준으로 판단해야 합니다. 방법은 상가분양가가 비슷했던 다른 지역의 임대상황을 참고하면 되며, 분양회사에서 홍보하는 평균 6%대의 수익률을 무턱대고 믿지 말고, 실제 받을 수 있는 임대료는 낮게 잡는 것이 좋습니다. 신규분양상가의 임대 수준은 분양가가 낮을수록 요구수익률에 근접할 가능성이 높아지고, 좋은 위치의 분양가 높은 상가는 초기 수익률이 낮게 나온다고 보면 됩니다. 또 분양상가는 아직은 권리금이 없기 때문에 기존상가에 비해 초기 임대료가 약간 높게 형성된다는 점도 고려해야 합니다.

주변환경

투자하려고 하는 상가의 주변환경에서 가장 먼저 체크해야 할 부분은 ① **입지**입니다. 버스정류장이나 지하철역, 대형마트 등을 이용하기 위해 배후지 주민들이 주로 다니는 동선을 파악해서 해당 상가의 입지 점수를 가늠해보는 것입니다. 그다음은 상가가 지어질 땅의 생김새, 즉

② **지형지세**도 꼭 살펴볼 필요가 있습니다. 예를 들어 경사진 형세의 땅에 지어진 상가라면 머물기보다 흐르는 자리가 되기 때문에 상가가 번성하기 어려울 것이고, 또 지대가 높으면서 다른 상권과 연결된 형태가 아니라면 당연히 이것도 좋지 않습니다.

상권은 물이 고이는 곳이라고 생각하면 됩니다. 풍수이론에서는 도로를 물길로 보기 때문에 상권은 대부분 ③ **낮은 곳**에서 형성된다고 보면 됩니다. ④ **대로변**은 도로의 크기를 봐서 건너편과 연결이 되는지 단절되는지 봐야 하고, ⑤ **뒷면상가**는 아파트 펜스나 공원 같은 곳을 접하고 있지는 않은지, ⑥ **지하 주차장 출입구**가 옆 건물과 나란히 있어 상가가 연결되는지도 잘 살펴야 합니다.

⑦ **현재 임차한 업종**이 상권과 어울리는지 현재 영업은 잘하고 있는지 파악하는 것도 필요합니다. 임차인이 임대료라도 밀리면 신경 써야 할 일이 많아지기 때문입니다. 분양상가라면 주변 배후지와 향후 형성될 상권을 예상해서 어떤 업종에 임차를 줄지도 미리 생각해야 공실 없이 임대를 잘 유치할 수 있을 것입니다. ⑧ **상권의 생애주기나 주변 상황**을 고려해서 앞으로 상가 주변상권의 발전이 있을지도 생각해보면 투자판단에 도움이 됩니다.

상가현황

상가를 직접 볼 때 월세가 잘 나오고 있는 기존상가라고 하더라도, 향후 임대를 새롭게 놓을 때는 문제가 될 수도 있습니다. 그러므로 상가의 현 상황을 잘 파악해놓아야 합니다.

① 상가규모 : 상가의 규모가 크다면 건물 내부에 종사자도 많고 방문객도 많아질 가능성이 높아 더 유리합니다. 단, 가격은 작은 규모의 상가보다 높습니다.

② 전면길이 : 1층상가의 전면은 적어도 3.5m 이상 나와야 합니다. 상가 전면이 넓어야 더 눈에 띄기 때문입니다. 이러한 상가는 같은 면적이라도 임대료도 더 받을 수 있습니다.

③ 층고 : 층고가 높으면 여러 가지 유용하게 활용할 수 있습니다. 상황에 따라 복층을 꾸밀 수도 있고 천정에 창고를 만들기도 합니다. 가능하다면 층고가 높은 것이 좋습니다.

④ 면적 : 면적은 보통 1층이 좁고, 상부층은 넓습니다. 1층을 기준으로 보면 최근 프랜차이즈들 중에는 아주 좋은 상권이 아니면 13평 이상부터 가맹을 주는 곳이 많습니다. 그러니 면적이 너무 작다면 활용용도를 따져보고(부동산) 투자하는 것이 좋습니다.

⑤ 주차장 : 주차장은 클수록 좋고 진출입로가 넓어야 좋습니다. 투자하려는 곳이 기계식 주차라거나 주차장이 너무 좁다면 내방객들이 사용하기 불편할 수 있다는 것을 염두에 둬야 합니다.

⑥ 기둥 : 기둥은 1층상가의 전면 시야 확보에 중요합니다. 건물 가운데 기둥이 있거나 너무 크게 있어도 상가가치에 큰 영향을 줍니다. 기존상가는 기둥의 유무가 어떤 영향을 미치는지 바로 확인이 가능하지만, 분양상가는 실물로 확인할 수가 없습니다. 그렇기 때문에 반드시 도면을 확인해서 기둥 폭이 얼마나 되는지 봐야 합니다. 그러면 실제 폭을 대략적으로나마 알 수 있으니 꼭 체크해야 합니다.

⑦ 인도 : 인도는 폭이 너무 좁으면 상가에 좋을 것이 없습니다. 우선 보행이 불편해 걸음이 빨라지게 되며, 상부층 상가의 시야 확보도 어렵고, 전면 앞 공간을 활용하기도 어렵습니다. 그 외에 펜스나 가로수 등이 상가에 지장을 주고 있지 않은지 잘 봐야 합니다.

⑧ 엘리베이터 : 엘리베이터는 크기나 위치가 중요합니다. 1층은 무관하지만 2층 이상부터는 전면과 엘리베이터 가까운 자리가 좋기 때문에 상부층 투자자라면 꼭 확인해야 합니다.

Advice 06

• 상가투자 현장 체크리스트

체크할 내용	결과
인근 유사상가 임대시세는 확인했는가?	☐
주변 임대시세 대비 가격은 적정한가?	☐
인근 유사상가의 권리금시세는 어떠한가?	☐
입지는 유동인구의 주 동선에 닿아 있는가?	☐
지형지세는 투자하기 유리한 위치(낮은 평지)에 있는가?	☐
상권 방해요인(공원, 관공서 등)은 없는가?	☐
인근에 경쟁 상업시설이 많은가?	☐
임차업종의 상태는 어떠한가?	☐
상가의 규모는 어느 정도인가?	☐
상가 앞 도로는 적절한가?	☐
상가의 전면은 넓은가? (최하 3.5m 이상)	☐
층고는 높은가?	☐
면적이 너무 작지는 않은가?	☐
주차여건과 진출입로는 충분한가?	☐
상가 내부에 기둥이 있는가?	☐

상가 앞 인도 폭은 적절한가?	☐
상가 앞 공간 활용이 가능한가?	☐
상가 앞과 간판의 시야를 가리는 장애물은 없는가?	☐
엘리베이터 동선과 가까운가?	☐
화장실 이용에는 불편함이 없는가?	☐

Advice 07

· 중개사무소를 어떻게 활용해야 하나?

상권조사를 하거나 기존상가에 투자하려고 할 때 해당 지역 중개사무소의 도움이 필요합니다. 신규분양을 받아도 경매로 상가낙찰을 받아도 역시 중개사무소를 통해 임대를 놓거나 매각을 의뢰해야 합니다. 중개사무소는 부동산 투자에서 중요한 역할을 하는 파트너라고 생각해야 합니다. 그래서 중개사무소를 통해 투자·매각을 할 때는 적어도 3년 이상 같은 지역에서 운영해온 베테랑 중개사무소가 좋습니다. 이런 곳이 상가들이 교체되는 과정을 한 사이클 이상 겪었고, 내부 사정에 의해 나오는 매물들을 손쉽게 확보하며, 상권 내 중개사무소끼리 발 빠른 정보교류가 용이하기 때문입니다.

물론 실제 현장에서는 다 다를 겁니다. 케이스별로 다를 것이고, 오래됐다고 해서 꼭 능력 있는 사무소라고 할 수도 없을 겁니다. 하지만 그럴수록 중개사무소에 대한 최소한의 기준을 정해놓아야 합니다. 중개사무소의 공인중개사들과 대화를 하다 보면 열의가 있고 지역상권을 잘 아는 사람들이 보일 겁니다. 이런 중개사들을 만나야 합니다. 이런 분들에게 투자를 의뢰하고 상권을 문의하면 의외로 많은 정보를 받을 수 있습니다. 정기적으로 방문하고 자주 통화하며 좋은 관계로 지내는 것이 좋습니다. 그래야 지역 내에 좋은 매물이 나왔을 때 먼저 연락을 받을 확률이 높아집니다.

YG 엔터테인먼트의 양현석 대표는 부동산 부자로도 많이 알려져 있

습니다. 양현석 대표가 부동산에 눈을 뜨고 투자에 성공을 한 데는 아주 유명한 이야기가 있지요. 무려 7년간이나 틈나는 대로 홍대의 부동산 사무소를 찾아 사무소 대표와 같이 식사도 하고 친분을 다지며 노하우를 배웠다고 합니다. 유명한 연예인이자 잘나가는 회사의 대표도 부동산 사무소를 찾아 공을 들인 것을 보면 이 과정이 얼마나 중요한지 잘 알 수 있을 겁니다. 하지만 대부분의 사람들은 부동산 중개사무소를 통해 투자자 본인이 원하는 정보만 얻기를 원합니다. 만약 전세, 월세를 구하는 입장이라면 별 문제가 없습니다. 하지만 큰돈을 투자해야 하는 투자자 입장이라면 생각을 달리해야 합니다.

<u>공인중개사들을 대할 때는 좋은 정보를 갖고 있는 지역 전문가로 생각해야 합니다.</u> 임대나 매각 같은 중요한 문제의 해결에 도움을 줄만한 조력자라는 마음으로 진지하게 접근하는 것이 중요합니다. 이것이 바로 중개사무소 활용을 잘하기 위한 첫 번째 방법입니다. 실력 있는 공인중개사들 주변에는 수많은 투자자들이 있습니다. 해당 지역에 상가 투자를 하려는 사람이 나 혼자만은 아니라는 것이죠. 정보만 얻어가려는 투자자에게는 좋은 정보를 쉽게 내놓지 않습니다.

중개사무소 활용을 잘하는 두 번째 방법은 <u>얻고 싶은 정보의 반대편 입장에서 문의하는 것입니다.</u> 예를 들어 임대시세나 권리금시세를 알아볼 때는 창업을 준비 중인 임차인이 되서 문의를 해야 좀 더 상세한 정보를 들을 수 있다는 것이죠. 중개사 입장에서는 바쁜 외중에 정보만

얻어가려는 방문객은 별로 달가워하지 않기 때문입니다.

　이때 주의할 점이 있습니다. 예를 들어 어느 지역의 상가물건을 보러 가서 A중개사무소에게 X라는 투자물건에 대해 상담을 받고 현장답사까지 하면서 정보를 받았습니다. 그다음 들른 B중개사무소에서도 같은 X 물건에 대해 소개를 하는 경우가 있습니다. 이럴 경우 그냥 보고 흘릴 물건이라면 상관없지만, 좋은 물건이라면 B중개사무소에서 제공하는 금액이나 현황 등의 간략한 수준의 정보차이를 확인해야 합니다. 그리고 X물건의 정보를 다른 곳에서 이미 들었다고 정리를 해두어야, 나중에 X물건을 계약하게 되었을 때 발생할 수 있는 시비나 분쟁을 막을 수 있습니다. 실제로 이런 일이 일선에서 많이 일어나기 때문에 중개사들이 민감하게 생각하는 부분이기도 합니다.

　우리나라 부동산 중개사무소는 웬만하면 상담료를 받지 않습니다. 투자자 입장에서는 언뜻 보면 좋은 일 같지만, 그렇게 좋은 일만은 아닙니다. 너무 많은 공인중개사가 양산되어 발전 없이 경쟁만 높아진 점도 있고, 일반인들이 부동산 사무소를 너무 가볍게 생각하는 부분도 있습니다. 가장 쉽고 편하게 부동산 정보를 구할 수 있는 곳이 중개사무소인데, 단순히 물건을 소개하는 수준에만 머무르면 투자자 입장에서도 손해일 수밖에 없습니다. 그래서 수준 있는 중개사무소와 공인중개사를 찾는 것이 중요한 것입니다. 중개사무소를 제대로 활용하기 위한 순서는 다음과 같습니다.

1. 투자하려는 지역의 인근 사무실을 여러 군데 방문해본다.
2. 지역에 대해 잘 알고 열의가 있는 공인중개사를 찾는다.
3. 도움 받을 중개사무소를 두세 곳으로 압축하여 지속적으로 방문하고 관계를 유지한다.
4. 내 상황과 투자하려는 목적을 정확히 알려주고 그에 대한 해결방법을 찾는다.
5. 당장 물건이 없어도 미리 충분히 대화를 나누고 협의를 해서 상황이 발생했을 때 빠르게 의사결정을 할 수 있도록 한다.
6. 중개사에게 지급하는 보수는 너무 인색하지 않게 하며 상호 신뢰관계를 유지한다.
7. 임대시세, 권리금시세에 대한 정보는 임차인 입장에서 문의한다.

수익과 가치를 끌어올리는 상가투자 포인트

    2016년 1월 신분당선 연장선이 광교신도시까지 개통되었습니다. 판교, 강남역까지 이어지는 빠른 지하철 노선에 대한 기대는 컸지만 지하철 공사로 인해 인근 상가들의 큰 불편도 있었습니다. 어수선한 분위기 때문에 공실이 된 상가도 있고, 기대에 못 미치는 낮은 금액에 임대를 놓은 임대인도 있었지요. 그런데 지하철이 개통이 되면서 상황이 바뀌었습니다.

    그동안 고전을 했던 임대인들이 임대료를 올리기 시작한 것입니다. 환경이 바뀌자 상가의 위상이 달라진 것이지요. 시야가 좋아지고 사람들도 많이 다니기 시작하면서 상가에 활기가 생기게 되었습니다. 한참 공실이 생길 때는 최초 분양받은 가격에서 1~2억 원씩 금액을 낮춰 매물을 내놓아도 거래가 안 되던 상가였는데, 지하철의 개통으로 분양 당시의 가치를 회복하게 된 것입니다.

🏛 황금알을 낳는 상가투자 포인트

앞서 광교신도시의 예처럼 주변상황에 따라 상가의 가치가 변하는 일이 많습니다. 신규 지하철 노선의 개통이 대표적인 사례입니다. 또 백화점이나 대형마트, 테마시설 등 키 테넌트 역할을 하는 시설이 들어서면서 더불어 인근 상가들까지 좋아지는 경우도 있습니다. 반대로 고정고객을 빼앗겨 상가에 안 좋은 영향을 줄 수도 있습니다. 그렇다면 상가의 투자수익을 높여주는 요인들은 무엇이 있을까요?

지하철역 및 버스정류장

<u>상가는 유동인구가 많은 곳이 유리합니다.</u> 대표적인 장소가 지하철역과 버스정류장입니다. 출퇴근 시 지역 사람들이 주로 이용하는 역이나 버스정류장에는 항시 사람이 많이 몰리기 때문에 그만큼 상가의 수익성도 높아집니다. 또 유동인구가 늘어나면 인근에 대형마트 같은 편의시설도 늘어나는 상승효과를 기대할 수 있습니다. 신도시나 대도시 외곽지역에 지하철 연장구간이나 신설 등의 정보가 있으면 착공시점, 개통시기 등을 확인한 후에 해당 지역 상가를 물색해보는 것도 좋은 방법입니다.

최근에는 서울, 수도권 지역에서 광역 급행버스 환승체계와 BIS(버스정보시스템)를 구축하면서 광역버스 환승정류장을 정비하거나 신설 중인 곳이 많아졌습니다. 많은 사람들이 찾는 교통시설인 만큼 인근지역의 투자도 유망할 것으로 보입니다.

국내 최장 104m 거리의 분당 야탑역 버스쉘터이다.

하지만 교통시설이 좋은 지역도 투자를 할 때 주의해야 할 점이 있습니다. 첫째, 역세권이나 이용객이 많은 버스정류장 주변은 상가가격이 높게 형성되어 있습니다. 따라서 안정적인 임대는 가능하겠지만 높은 가격에 수익률이 낮아집니다. 이 부분을 감안해서 투자를 결정해야 합니다.

둘째, 노선의 연장 또는 신설계획이 나오고 난 직후라면 개통시기까지 기본 10년은 소요될 것으로 예상해야 합니다. 보통 계획만 나와도 인근 부동산 가격이 오르기 때문에 분위기에 편승해 성급하게 투자에 나서는 경우가 많습니다. 하지만 상가투자는 토지투자가 아닙니다. 당장 임대소득을 얻는 것이 중요한 문제이므로, 적어도 착공시점 이후를 투자시점으로 잡는 것이 안전합니다. 지하철역이나 버스정류장 인근의 상가는 개통이 되고 초기 몇 년간은 유동인구가 계속 늘어나면서 상권도 좋아지고 가치도 높아지는 특성이 있으므로 좋은 투자처가 될 수 있습니다.

배후세대

2장에서 배후지가 결국 상권의 다른 뜻이라고 했습니다. 투자할 상가에 찾아올 사람들이 거주하는 곳이 상권이니 배후지 세대가 많으면 많을수록 좋겠지요. 배후지가 넓고 거주인구나 근무인원이 많은 곳이라면 상가수익에 큰 보탬이 될 겁니다. 그래서 상가투자를 위해 현장 주변을 둘러볼 때 꼭 확인해야 하는 것이 배후세대입니다. 세대수가 많고 그 인원들이 이용하기 좋은 상가를 찾는 것이 성공투자의 관건이 되기 때문입니다. 그렇다면 투자자 입장에서 적정한 배후세대는 어느 정도일까요?

명확한 기준은 없습니다. 주거형태, 면적 등의 특성에 따라 세대 수, 소비수준 등이 각자 다르기 때문입니다. 그래도 정확한 지표라고 할 수 없지만 보통 창업시장 등에서 사용하는 적정 상가 수를 기준으로 투자할 상가의 적정 배후세대 여부를 판단할 수 있습니다.

아파트단지 내 상가의 적정면적은 세대당 0.3평 정도입니다. 예를 들어 어느 지역의 아파트가 100세대라면 30평이므로, 100세대 당 상가 2개 호실 정도의 규모면 적정하다고 판단하는 것입니다. 실제 단지 내 상가공급 상황 평균치를 보면 LH공사는 100세대 당 상가 1개 호실, 민영아파트는 100세대 당 2개 호실의 규모로 공급하고 있습니다.

지하철역과 연결된 상가로 뒤쪽에 배후세대가 보인다.

그러나 아파트단지 내 상가처럼 고정 배후세대가 확정되어 있지 않은 근린상가 및 중심상가는 이러한 기준을 두기가 어렵습니다. 그래서 전체 택지면적의 약 5% 미만을 적정한 규모로 판단합니다. 필자가 현장에서 계산하는 방법은 대략 이렇습니다. 근린상가는 약 500세대 당 1동(연면적 1,000평 미만)을 적정치로 기준을 정합니다. 하지만 대부분 실제 공급되는 상가용지는 기준보다 많습니다. 예를 들어 근린상가 2개 동이면 적정치인 1,000세대 배후세대에 상가 4개 동이 공급되는 식입니다. 이는 적정치보다 2배가 많은 셈이므로, 동선이 생기는 좋은 위치의 2개 동만 투자대상으로 정하는 것입니다.

도로, 횡단보도

사람들은 대로변을 선호하는 경향이 강합니다. 일단 대로변은 노출이 좋기 때문에 시야가 시원하게 확보되는 장점이 있습니다. 내 상가를 널리 알리기에 안성맞춤이죠. 이런 상가를 '가시성 좋은 상가'라고 합니다. 똑같은 이유로 코너자리나 전면이 넓은 상가가 인기가 많고 가치도 높습니다. 하지만 대로라고 해도 도로 폭이 너무 넓거나 차량 통행속도가 빠른 곳은 시야는 좋아도 접근성이 떨어집니다. 그렇게 되면 입점할 수 있는 업종도 제한이 생깁니다. 또 반대로 도로가 너무 좁아도 시야가 좁아지므로 문제가 됩니다.

단순히 도로와 상가와의 관계만 따진다면 2~4차선 쯤 되고, 차량이 속력을 내기 힘들며, 무단횡단도 쉽게 할 수 있는 정도의 도로가 이상적인 조건을 갖춘 도로일 겁니다. 건너편과 같이 마주보는 상권을 이룰 수 있고, 경쟁이 적은 것이 좋지만 때로는 적당히 모여 있는 것도 좋기 때문입니다.

유동인구가 많은 횡단보도 앞의 상가건물이다.

그리고 도로하면 빼놓을 수 없는 것이 횡단보도입니다. 보통 상권의 한쪽 면이 도로에 길게 붙어 있으면 양쪽 끝으로 횡단보도가 있습니다. 이때 사람들 동선이 당연히 횡단보도로 생기기 때문에 유동인구가 많습니다. <u>가능하다면 횡단보도 앞 코너나 코너 건물 출입구 자리에 투자하는 것이 가장 좋습니다.</u>

발전 가능성, 개발계획 등

사람은 누구나 오늘보다 나은 내일을 꿈꿉니다. 상가투자를 하는 것도 좀 더 나은 내일을 위한 노력 중 하나일 겁니다. 그렇다면 상가도 현재보다 앞으로 더 좋아질 만한 곳에 투자해야겠지요. 부동산은 종목을 떠나 입지가 중요하다는 말을 많이 합니다. 상가투자도 마찬가지로 미래가치가 있는 입지를 찾는 것이 중요합니다.

앞에서 다룬 것처럼 지하철역 신설계획이 있거나 대단지 아파트가 들어설 계획이 있는 곳이라면 비단 상가뿐만 아니라 토지, 아파트, 주택 할 것 없이 가격이 올라갑니다. 이런 지역의 상가라면 향후 큰 수익을 줄 수도 있습니다. 그러나 실물이 들어서기까지는 계획단계이며, 이 단계에서의 투자는 시간이 오래 걸릴 수 있기 때문에 위험이 큽니다. 따라서 상가투자는 공사가 시작이 되서 실현시점을 알 수 있을 때 투자하는 것이 가장 좋습니다.

또한 이 시기는 공사로 인해 주변 분위기가 어수선하고 통행도 불편해지는 시기입니다. 주변 상가들이 어려움을 겪는 시기이기도 합니다. 앞에서 이야기한 광교신도시 예처럼 상가의 가격이 1~2억 원이나 떨어진 곳도 생기고 매물도 나오는 것입니다. 하지만 돌려서 생각하면 이 때가 바로 '상가를 사기에 좋은 타이밍'입니다. 물론 잘 와 닿지는 않을 겁니다. 사람들은 눈에 보이는 것에 더 반응을 하기 때문에 불과 2~3개월 뒤에 역이 개통되는 시기가 되어도 유동인구가 많아질 거라고 예측하기가 힘듭니다. 그래서 투자가 잘 이루어지지 않는 것이지요. 상가투자는 어디까지나 임대수익이 원활해야 좋은 상품이라고 할 수 있습니다. 불확실한 계획 때문에 현재의 수익을 포기하면서까지 투자를 하는 것은 좋은 방법이 아닙니다. 눈에 보이지 않는 시점에서도 감당할 정도의 임대료를 받을 수 있고, 개통 타이밍에 맞추어 정상 임대료를 받을 수 있는 조건의 상가라면 투자해도 좋을 것입니다.

앵커 테넌트

테넌트는 건물 임차인을 말합니다. 앵커 테넌트Anchor tenant는 다른 말로 '키 테넌트Key tenant'라고도 하며 상가나 쇼핑몰 등에서 고객을 끌어들이는 핵심점포를 말합니다. 멀티플렉스 영화관, 대형마트, 키즈파크, SPA브랜드, 푸드컨세션Food Concession(푸드코트의 확장된 개념으로 컨셉이 있으며 공항, 대형쇼핑몰, 놀이공원 같은 공공시설이나 대형시설의 식음료 서비스 시설) 등 집객에 영향력이 큰 유망시설을 말합니다. 이를 유치하면 상가나 쇼핑센터 전체에 시너지 효과를 가져다주기 때문에 매우 중요한 점포입니다. 예전에는 쇼핑몰이나 복합상가 등 대형 상업시설에

도표 14 ▶ 키 테넌트의 시기별 변화

연도	내용
1980년대	영화관, 아쿠아리움
1990년대	TGI, 아웃백, 베니건스 등의 패밀리 레스토랑
2000년대	유니클로, 망고, 자라 등의 SPA브랜드
2010년 이후	키즈 전문매장, 대형마트, 푸드컨세션

• 자료 : 윤성은 · 강준규, 《몰링, 상상 이상의 즐거움》

서 단순히 유명 브랜드만으로 업종을 구성해도 큰 문제가 없었습니다. 하지만 최근처럼 경쟁이 심화된 시기에는 일반적인 매장만으로는 집객이 어렵기 때문에 차별화되고 유망한 키 테넌트 유치가 꼭 필요한 일이 되었습니다.

키 테넌트는 시기별로 변화가 있었습니다. 1980년대에는 영화관, 아쿠아리움 등이 있었고 1990년대에는 TGI 프라이데이, 아웃백 같은 패밀리레스토랑이 그 역할을 하였으며, 2000년대에는 유니클로, 자라 같은 SPA브랜드가 키 테넌트로 주목을 받았습니다. 그리고 2010년이 넘어서면서는 뽀로로 파크 같은 키즈매장, 대형마트 등이 나타나고 있습니다.

대형 상업시설의 대표적인 키 테넌트로는 코엑스의 메가박스, 영등포 타임스퀘어의 CGV · 이마트, 일산 라페스타의 롯데시네마, 웨스턴돔의 CGV가 있습니다. 또 상업시설이 활성화가 되지 않아 어려웠다가 부활한 가든파이브의 NC백화점, 메세나폴리스의 홈플러스가 키 테넌트 사례입니다. 사례에서 보듯 키 테넌트는 주로 쇼핑몰, 대형 상업시설 등에 필요한 개념이었습니다. 하지만 최근에는 작은 규모의 상가들도 경쟁적으로 스타벅스나 맥도널드 같은 인기 브랜드 매장을 유치하여 상가 활성화를 위해 노력하고 있습니다.

상가분양 사기,
알면 막을 수 있다

지금은 많이 없어지긴 했지만 상가분양 현장에서 투자자들이 큰 손해를 보는 일이 종종 있습니다. 그중에는 명백하게 사기임을 밝히기도 어려워 이도저도 못하는 경우도 있으니 정말 조심해야 합니다. 평생 어렵게 모은 소중한 자금을 투자하는데, 이런 일이 생기면 절대 안 되겠지요. 그럼 현장에서 가장 많이 발생하는 사기유형은 무엇이 있을까요?

🏛 각양각색의 상가분양 사기

이중분양

이중분양은 말 그대로 하나의 상가를 두고 여러 사람을 상대로 각각

계약을 하는 행위입니다. 신규분양상가의 특성상 계약 후 중도금, 잔금까지 시간이 있기 때문에 계약금을 여러 사람에게 받고 잠적하는 수법입니다. 이런 경우에는 누구나 혹할만한 좋은 조건을 제시하거나 특별히 신경써주는 것처럼 하면서 접근하기 때문에 늘 당하는 사람이 생깁니다. 그러므로 너무 터무니없이 좋은 조건이라면 일단 한 번 의심을 해봐야 합니다. <u>요즘 상가는 대부분 이름 있는 신탁회사의 계좌를 이용하기 때문에 개인계좌로 입금을 요청하는 일은 거의 없습니다.</u> 만약 그런 요청이 있다면 문제가 있는지 확인부터 해야 합니다.

사용승인 전 분양행위, 사전분양

최근에 분양하는 상가들은 연면적이 3,000㎡(약 900평) 이상이 되면 '건축물 분양에 관한 법률'에 따라 대부분 신탁회사와 계약하여 모든 자금집행을 신탁회사를 통해 하게 되어 있습니다. 분양계약을 하더라도 입금은 신탁회사에 하는 것입니다. 그래서 회사가 어지간히 사정이 좋지 않은 경우를 제외하고는 분양만 어느 정도 이루어지면 큰 위험은 줄어듭니다.

그런데 규모가 작은 상가들, 연면적 3,000㎡ 규모 미만의 상가들에 대해서는 특정한 규제나 법률이 없습니다. 그렇기 때문에 꼭 분양을 받아야 한다면 회사가 정상적으로 건물을 잘 지어서 넘겨줄 수 있는지 판단해서 분양여부를 결정해야 합니다. 또한 분양승인을 받기 전에 '사전의향서, 청약' 등의 이름으로 사전분양 행위를 하는 문제도 있습니다. 업계관행처럼 되어 있어 미리 계약금의 일부를 걸어놓는 절차를 밟지 않으면 좋은 자리를 잡기 어려운 경우가 많습니다. 그러므로 좋은 위치를 선점하기 위하여 청약금을 넣는다면, 반드시 입금계좌가 신탁계좌인지 확인하고 입금하는 것이 좋습니다.

또 사업이 제대로 진행될지도 조사해봐야 합니다. 사업이 지연되지 않고 원활히 진행될지, 사업승인 신청은 된 상태인지에 대해 해당 시·군·구청 건축과에 문의해서 상황을 알아봐야 합니다. 간혹 회사의 사정으로 분양승인이 늦어져 6개월 혹은 1년씩 계약이 지연되는 일도 종종 발생합니다. 이런 경우 투자자는 다른 좋은 위치에 상가투자를 할 기회를 놓칠 수도 있으니 신중해야 합니다.

무리한 전매약속

현장에서 상가분양에 관심을 보이며 다니다 보면 분양사 직원으로부터 간혹 뜻밖의 제안을 받게 될 수도 있습니다. 예를 들어 이런 식입니다. "일단 계약금만 걸면 중간에 전매해서 차익을 벌게 해 줄게"라든지, "아주 괜찮은 상가가 나왔으니 융자받고 투자하면 소액으로 돈 벌 수 있다"라는 식입니다. 물론 분양사 직원이 말한대로 잘되면 좋겠지만, 만일 잘 안 되서 어려운 상황이 되면 누구를 탓할 수 있을까요?

신도시에서 분양 중인 한 상가의 분양직원이 "일단 분양계약을 하고 계약금만 넣으면 중간에 전매를 해서 프리미엄을 몇 천만 원을 받아주겠다"는 제안을 한다면 누구라도 솔깃할 것입니다. 게다가 분양현장에서 믿음직해 보이는 회사직원이 짧은 시간에 돈을 벌 수 있다고 설득력 있게 얘기한다면 더 그렇습니다. 하지만 상가는 아파트와 다릅니다. 자칫 적게 투자해서 쉽게 돈을 벌 수 있다는 생각에 사로잡혀 정상적인 투자목적이 아닌 전매차익만 노리고 투자를 했다가는 큰 손실을 볼 수도 있습니다.

필자가 운영하는 카페 회원 중 한 명이 실제로 비슷한 일을 겪었습니다. 용인지역에서 분양하는 상가였는데, 어떤 분양직원이 일단 계약만 하면 전매를 통해 차익을 벌게 해줄 수 있다는 솔깃한 제안을 한 것입니다. 그 회원은 원래 아파트 분양권 투자로 재미를 봤던 분이라 상가에 대해 잘 모르면서도 욕심이 부렸던 것 같습니다. 결국 중도금까지 전매해주겠다는 다짐을 받고 계약을 했는데, 중도금시기가 되었는데도 생각대로 일이 되지 않았다고 합니다. 그래서 분양직원만 채근하다가 결국 계약금을 포기할 수 없으니 일단 중도금 대출신청을 하면 빠른 시간 내에 책임지고 정리해주겠다는 약속을 받고 중도금 대출신청까지 하게 되었습니다.

문제는 그 회원이 대출을 받아도 잔금을 치를 여건이 되지 않았던 것입니다. 그러다가 분양직원은 소리 소문 없이 회사를 그만둬버렸고, 당연히 전화연락도 되지 않았습니다. 분양하는 회사에도 따져보고 시행사를 찾아가 하소연을 해봐도 소용이 없었습니다. 회사에서 보장하는 내용이 아니었기 때문에, 법률상담센터 같은 곳에 문의를 해도 이렇다 할 답변을 들을 수가 없었던 것입니다. 그래도 그나마 다행인 것이 당시 들어간 돈 3,000만 원 정도만 손해 보는 선에서 해결을 했다고 합니다. 인근 부동산에서 마땅한 사람을 붙이고 회사에서 협조해 그나마 마무리가 된 것이죠. 참 안타까운 일입니다.

실제로 현장에서도 미리 청약을 하고 전매로 차익을 보는 일이 많습니다. 그러나 상가에 대해 조금 안다고 하더라도 투자할 때 신중하게 결정해야 합니다. 더구나 투자할 여력도 충분하지 않은 상태에서 과도한 리스크를 안고 투자하는 일은 피해야 합니다. 투자에는 항상 변수가 따를 수밖에 없습니다. 가장 좋은 것은 이러한 투자를 하지 않는 것이지만, 설령 전매투자를 하더라도 가능한 내가 수습할 수 있는 한도에서 해야 합니다.

Step 05.

주의! 선임대, 임대료 보장, 수수료매장

   최근 수도권에 신도시와 택지지구가 많이 생겼습니다. 입주가 완료된 곳, 한창 입주 중인 곳도 있고, 이제 막 공사를 시작하는 곳도 있습니다. 신도시에 공급되는 아파트의 규모만큼 상가도 역시 많은 공급이 이루어지고 있습니다. 이렇게 많은 상가가 지어지게 되면 상가에 입주해 영업을 할 임차인도 당연히 많아야 합니다. 상가분양을 생각하는 투자자들에게는 임차인을 잘 유치하느냐 마느냐는 아주 중요한 문제입니다. 그래서 확신을 갖지 못하는 투자자들을 위하여 분양대행사가 선임대, 2년 임대보장 등의 분양전략을 사용하기도 합니다.

   아파트가 입주되고 그 비율에 맞게 적절히 배치된 상가는 입주자에게도 반드시 필요한 편의시설입니다. 웬만한 전면상가들은 큰 무리 없이 임대가 이루어집니다. 하지만 상부층이나 위치가 A급이 아닐 경우 임대가 보장되지 않기 때문에 분양대행사에서 이러한 전략을 통해 보완하려는 것입니다. 그러면 투자자들이 주의해야 할 분양대행사 전략은 무엇이 있을까요?

🏠 선임대와 임대료 보장, 그럴 듯한 문구의 함정

우선 선임대 상가가 있습니다. 선임대 상가는 분양 전에 이미 임대가 완료된 상가를 말합니다. 상가분양을 받아도 임대까지 완료해야 수익을 낼 수 있는 상가투자자 입장에서는 걱정을 덜 수 있으니 좋은 조건이 분명합니다. 하지만 상가를 팔기 위한 작전일 수 있기 때문에, 좋은 업종이 선임대되어 있다고 무조건 좋은 상가라고 생각하면 안 됩니다.

개발회사(시행사)가 상가개발사업을 할 때는 대부분 분양대행사에 분양을 맡깁니다. 여러 이유가 있겠지만 아무래도 분양대행사가 분양하는 능력이 더 뛰어나기 때문입니다. 실제로도 분양대행사에서는 분양을 위해 많은 방법을 사용합니다. 그중에는 투자자가 꼭 신경 써서 체크해야 할 부분이 있습니다.

<u>분양을 하는 회사 입장에서는 좋은 위치의 상가를 좋은 가격에 파는 것이 목적이 아닙니다. 상가를 위치와 가격에 관계없이 빨리 잘 파는 것이 목적입니다.</u> 그러다보면 항상 좋은 위치에 있는 상가만 팔 수 있는 것도 아니고, 좀 애매한 위치의 상가를 팔게 될 수도 있습니다. 사실 그런 상가가 많습니다. 그래서 초기 분양할 때 주변 부동산 등에 분양 전부터 '사전청약'으로 분위기를 띄우거나 '뚜껑 닫기'처럼 좋은 호수는

빼놓고 분양하는 방법을 쓰기도 합니다. 그리고 좀 시간이 지나서는 회사 보유분 특별분양 같은 방식으로 분양을 하는 것입니다. 이때도 진짜 회사 보유분이 있기도 하지만, 안 팔리는 물건을 회사 보유분이라고 하면서 팔기도 하니 잘 봐야 합니다.

또 임대를 걱정하는 투자자들에게 선임대 상가를 제공하는 경우도 있습니다. 어떻게든 하나라도 좋은 업종을 유치하거나 선점을 해서 분양이 수월해지게 하는 방법입니다. 이때 주의할 점은 회사가 프랜차이즈 가맹계약을 하고 직접 임차인이 되서 운영까지 하는 경우입니다. 입지도 나쁘지 않고 좋은 업종으로 임차가 되어 있다면 별 문제 없겠지만, 점포 입지가 썩 좋지 않은데도 유명 프랜차이즈가 입점해 있다면 이런 상황일 수 있습니다. 브랜드라고 무턱대고 믿지 말고 잘 생각해봐야 합니다.

그다음이 임대료 보장 문제입니다. 최근에는 1~2년간 임대료 보장은 물론이고, 임차인까지 1년간 무상으로 사용할 수 있도록 하여 상가가 자리를 잡을 수 있게 파격적인 정책을 쓰는 시행사들도 있습니다. 하지만 대부분의 임대료 보장 정책은 부족한 상가의 약점을 가리기 위한 경우가 많습니다. 기간이 지나면 결국 고스란히 투자자의 몫으로 돌아옵니다. 그렇기 때문에 당장의 임대료 보장보다 입지가 좋은 상가를 찾는 것이 관건이라는 점을 잊지 말아야 합니다.

🏛 수수료매장

　임대문제를 해결하기 위한 방법 중 하나가 수수료매장 방식의 분양상가입니다. 대부분은 수수료매장에 대해 잘 모르는데, 백화점처럼 월세 대신 매출의 일부분을 주는 임대방식으로 이해하면 됩니다. 원래 수수료매장의 개념은 1980년대 초반, 롯데백화점이 국내에 들어오면서 일본에서 가져온 백화점의 수익방식입니다. 장사하는 사람이 보증금 없이 입점해서 매출의 일부를 수수료로 지급하는 형태의 임대계약으로 보면 됩니다.

　이 방식은 공정성 문제로 말이 많은데, 백화점들이 아직까지 유지하고 있는 것을 보면, 임대인 측면에서 유리한 조건이라는 얘기입니다. 지금도 창업시장에서 특수상권이라고 부르는 백화점, 대형마트, 고속도로 휴게소 등의 대형 임대시설에서는 적게는 10%대 초반, 많게는 30~50%까지 매출수수료를 받고 있습니다. 그렇다고 이 방식이 일방적으로 임대인에게만 유리한 것은 아닙니다. 임차인도 초기 비용이 덜 들어가기 때문에 장사만 잘되면 훨씬 좋은 방식이 될 수 있습니다.

　문제는 조건입니다. 조건이 어떠냐에 따라 다릅니다. 수수료매장은 임차인의 입장과 임대인의 입장으로 관점이 나누어집니다. 임차인의 입장에서는 임대보증금을 주지 않고 인테리어 비용 정도만 투자해서 사업을 할 수 있어서 좋습니다. 또 내 업장의 위치, 동선, 임대시설의 집객 정도와 수수료를 대비하여 잘만 입점하면 큰돈 들이지 않고 수익을 낼 수 있고, 투자 리스크도 줄일 수 있는 장점이 있습니다. 하지만 매출이 높아지면 지불하는 금액도 높아지며, 만일 장사가 잘 안되기라도 하면 인테리어 비용도 날리고 퇴점해야 하는 위험이 있습니다.

　반면에 임대인 입장인 상가투자자에게 수수료매장은 애매합니다. 일반 임대인은 백화점이나 대형마트가 아니라서 높은 수수료를 요구할 수도 없고, 그렇게 입점할 업체가 많은 것도 아닙니다. 그럼에도 상가 투자처를 찾을 때 이런 조건을 가끔 만나게 되는데, 분양회사에서 프랜차이즈 업종들과 사전조율하여 수수료매장으로 선계약을 해놓고 분양하는 경우가 많기 때문입니다. 투자자들은 임대가 맞춰져 있으니 투자결정을 하기가 좋고, 실제로 인지도 있는 업종이 유치가 되면 분양이 바로 이루어지기도 합니다.

　이런 경우 소위 잘나가는 프랜차이즈는 백화점이나 대형쇼핑몰 등에 입점하면서 체결했던 방식으로 신규분양상가들과 협상을 합니다. 당연히 수수료는 매출 10%대 초반의 낮은 요율로 계약을 하게 되는 경우가 많습니다. 인기 있고 매출이 잘 나오는 프랜차이즈와는 10% 미만으로 계약을 하기도 합니다. 얼마 전에도 유명 한식뷔페와 협상을 하는데 8%를 요구해서 계약을 진행하다 그만둔 사례도 있었습니다.

　결국 <u>수수료매장의 관건은 투자자 입장에서 생각한 만큼 꾸준한 수익을 받을 수 있느냐입니다.</u> 처음 생각한 것보다 형편없는 수익이 나기도 하고, 어느 정도 기대한 만큼 수익이 나오기도 합니다. 문제는 내가 받아야 할 임대료를 내가 결정하는 것이 아니라 임차인의 영업실적에 따라 결정되고, 배당받아야 한다는 것입니다. 장사가 잘되면 좋겠지만, 잘 안 되면 임대인도 같이 손해를 보는 상황이 될 수도 있다는 얘기지

롯데리아 폐점 후 신규 임차인을 기다리는 상가이다.

요. 그렇기 때문에 마음에 쏙 드는 프랜차이즈 매장이 입점해 있는 상가라도, 입점업종보다 입지를 먼저 봐야합니다. 아무리 유명한 프랜차이즈도 장사가 되지 않으면 철수하는 경우가 많기 때문입니다. 입지가 우선임을 잊으면 안 됩니다.

좋은 상가를 찾기 위해 다니다보면 가끔씩 이런 수수료매장을 만나게 될 것입니다. 기존상가도 있을 것이고 분양중인 상가에 선임대된 경우도 있을 겁니다. 필자는 되도록 추천하지 않지만, 그래도 수수료매장을 검토해보게 되었다고 가정해보겠습니다. 예를 들어 A라는 패스트푸드점이 입점한 상가를 투자하려고 한다고 합시다. 그럼 투자자는 A패스트푸드점이 그 자리에서 낼 수 있는 예상매출과 또 예상매출에 맞는 적절한 수수료 요율인지를 따져봐야 합니다. 그다음에는 매출 대비 수수료 요율이 기대한 상가수익률과 맞는지도 계산해보고 투자를 결정해야 합니다. 하지만 일반투자자가 그것을 어떻게 알 수 있을까요? 쉽지 않을 겁니다.

그래도 결국 해당 상가가 A패스트푸드점이 들어와 장사를 할 수 있을 자리인지 투자자가 파악해야 합니다. 이런 식으로 입점해서 폐점해 나간 경우도 심심찮게 있기 때문입니다. 아무리 유명한 프랜차이즈가 입점해 있더라도 합리적으로 계산해서 임대를 줘야 합니다. 물론 합리적이고 투자자 스스로 확신할 만한 수준의 조건이라면 고려해볼 수도 있겠지요.

Step 06.
권리금이 있는 상가에 투자하라

　상가는 수익성도 좋지만 알아서 굴러가는 시스템이 진짜 매력입니다. 이것이 원룸, 오피스텔 같이 주거용으로 주로 사용되는 부동산과의 차이점이지요. 웬만한 것은 임차인이 알아서 하니 관리가 무척 편리합니다. 상가관리부터 내부시설까지 임차인이 설치하고 깨끗하게 유지·보수하며, 심지어는 본인이 나갈 때에는 다른 임차인까지 구해놓고 갑니다. 중개보수까지 지불하면서 말입니다. 이런 시스템을 만들기 위해서는 상가에 권리금이 있는 것이 좋습니다. 임차인의 입장에서도 권리금을 지키기 위해 장사도 열심히 하고 임대료도 잘 내는 노력을 하기 때문입니다. 그렇다면 권리금이란 대체 무엇일까요?

🏠 권리금이란 무엇인가?

권리금은 크게 바닥권리금과 시설권리금, 영업권리금으로 구분할 수 있습니다. 바닥권리금은 상가의 입지, 상권이 좋은 곳에 생기는 권리금으로 유동인구가 많고 집객이 잘되는 곳일수록 비쌉니다. 주로 1층에 생기고 경우에 따라 2~3층에 생기기도 합니다. 영업권리금은 내가 현재 올리고 있는 매출이나 수익 등을 고려해 생기는 권리금입니다. 예를 들면 당구장을 양도할 때 당구대나 당구공, 각종 집기 등은 시설권리금이 되는 것이고, 당구장의 매출과 수익에 대해서 인정한다면 영업권리금이 되는 것입니다.

시설권리금은 말 그대로 내가 설치한 시설을 그대로 넘기고 갈 때 요

도표 15 ▶ 2015년 권리금 관련 상가임대차보호법 개정 내용

구분	개정안	비고
권리금 보호를 위한 인프라 구축	권리금 및 권리금 계약 법제화	제10조의 3 신설
	임대차 및 권리금표준계약서 보급, 권리금 평가 기준의 고시	제10조 6, 7 신설
임차인 권리금 회수기회 보호 강화	대항력 인정 및 권리금 회수기간 보호 등 항목 적용을 모든 상가임대차로 확대	제2조 3항 개정
	임대인은 임차인이 권리금을 지급받는 것을 방해하는 행위 금지	제10조 4 제1항, 2항
권리금 피해 구제방안 마련	임대인이 권리금 회수 금지 행위 위반시 3년 내내 손해보상 청구 권리 부여	제10조 4 제3항, 4항

• 자료 : 법무부 보도자료

구하는 권리금을 말합니다. 원래는 감가상각 후 남은 시설의 가치 정도입니다. 현장에서는 권리금이라고 통칭해서 사용되고 있으며, 따로 영업권리니 시설권리니 하는 말은 잘 사용하지 않습니다. 이런 권리금은 임차인이 지불하고 들어와서 영업을 하다가 나가게 될 때 상당 부분 회수가 가능합니다. 하지만 일부 임대인들의 방해나 건물철거 등의 이유로 인하여 고스란히 손해를 입을 수도 있습니다. 그래서 임차인의 최소한의 권리를 지켜준다는 취지에서 2015년에 상가임대차보호법으로 권리금을 일정 부분 보호받을 수 있도록 일부개정이 된 상태입니다.

🏠 권리금 기준으로 투자하라

권리금은 어떻게 생겨났을까요? 발생시점은 명확치 않습니다. 일제 강점기에도 권리금에 대한 간접적인 기록이 있습니다. 6·25 이후 상가시설이 부족하여 자릿값을 받던 것에서 시작되었다는 유래와 1970년대 도시화 과정에서 상가수요를 공급량이 받쳐주지 못해 발생한 관행이라는 설이 있습니다.

결국 수요보다 부족한 상가의 희소성이 권리금이라는 자릿값을 만들어냈다는 것입니다. 권리금이 높은 상가일수록 입지가 좋다는 얘기가 되기도 하지요. 수많은 상가들이 '좋은 입지'라는 희소성으로 평가되고, '권리금'이라는 가치기준에 따라 평가하는 것입니다. 권리금 수준으로도 상권의 활성화 여부를 평가하기 때문에 상가투자자라면 이 부분을 반드시 체크해야 합니다. 그러면 어떤 상가가 권리금이 높게 형성될 만한 상가일까요?

우선 <u>목이 좋고 도로에 접해 있어 접근성, 가시성이 좋은 1층상가가 권리금 형성에 유리합니다.</u> 1층은 가격이 비싸지만 안정적인 투자가 가능합니다. 주변 땅값이 오르면 상가가치도 같이 오릅니다. 무엇보다 권리금이 생기기 때문에 공실의 우려가 없고 관리하기가 무척 편리하다는 것도 장점이라고 할 수 있을 것입니다.

이에 비해 2~3층은 면적을 넓게 쓸 수 있어 1층보다 가성비가 좋습니다. 분양가가 보통 1층 가격의 30~40% 정도라서 20~30평 정도의 식당이나 미용실 등 넓은 면적이 필요한 상가에 임대 놓기에 좋습니다. 특히 신도시는 1층 임대료가 비싸기 때문에 2~3층을 선택할 수밖에 없는 업종들도 많습니다. 또 1층보다 수익률이 높은 경우가 많아서 최근에는 2~3층에도 적극적인 투자자가 많아지는 추세입니다. 그래서 2~3층도 위치만 괜찮으면 권리금이 발생합니다. 하지만 시세차익이나 빠른 환금성을 생각한다면 1층이 유리한 것이 사실입니다. 특히 처음 투자하는 초보자라면 가능한 1층을 투자하는 것이 2~3층으로 하는 것보다 더 안전합니다.

기존상가와는 달리 신도시는 상권이 어떤지 권리금이 얼마나 붙었는지 알기 어렵습니다. 그래서 초기에 임대가 잘 들어올 만한 상가, 동선에 있는 상가로 투자를 해야 합니다. 당장은 상권이 활성화되지 않았더라도 향후 전망이 좋다면 권리금이 없어도 임차인들이 비교적 쉽게 입점할 것이고, 그 뒤로는 임대료가 시세보다 아주 높지만 않다면 권리금이 형성된 채로 유지될 것입니다. 이런 과정을 거쳐 안정적인 상가가 되는 겁니다.

이 경우 신도시 중심상업지역의 상가들이 그렇습니다. 상권의 형성 시간이 더디지만 초기 임대관리만 잘한다면 나중에 상권이 활성화되었을 때 권리금이 상당히 높아질 수 있어 더 큰 수익을 낼 수 있는 것입니다. 상가 권리금이 높은 지역이라면 장사도 잘되고 상권도 좋은 곳이 맞습니다. 따라서 상가투자는 권리금이 잘 형성되어 있는 곳, 또는 권리금이 형성될 가능성이 높은 곳에 하는 것이 투자 안정성을 높이는 방법입니다.

3단계 요점정리

Step 01 현실적인 눈높이로 상가 찾기

Step 02 체크하고 체크하기
- 주변환경 : 입지, 지형지세, 대로변, 뒷면상가, 지하 주차장 출입구, 입차업종, 상권 생애주기 및 주변상황 등
- 상가현황 : 상가규모, 전면길이, 층고, 면적, 주차장, 기둥, 인도, 엘리베이터 등

Step 03 가격을 끌어올리는 상가투자 포인트 확인하기
→ 지하철역 및 버스정류장, 배후세대, 도로 및 횡단보도, 발전 가능성, 개발계획, 앵커 테넌트 등

Step 04 상가분양 사기 주의하기
→ 이중분양, 사용승인 전 분양, 사전분양, 보장없는 전매약속 등

Step 05 선임대, 임대료 보장, 수수료매장 같은 그럴듯한 조건 조심하기

Step 06 권리금 기준으로 투자하기

Chapter
4

상가투자 계약과 각종 절차, 어떻게 처리하나?

Step 01.

투자결정 전
꼭 확인해야 할 9가지

앞장에서 상가투자를 위해 필요한 기본사항과 상권분석, 임장하는 방법을 알아봤습니다. 투자자 상황에 맞는 투자대상을 고르고 손품, 발품을 팔아 투자물건을 찾는 것이지요. 괜찮은 물건을 찾았다면 이제 결정을 해야 합니다. 이번에는 어떤 절차를 밟아 계약을 하고, 어떤 것을 확인해야 하는지 고민할 차례입니다. 4장에서는 상가투자 결정을 위해 필요한 내용들과 그 방법에 대해 살펴보겠습니다.

🏛 끊임없이 점검하고 점검해야 한다

① 주변상권 및 환경 파악

주변상권 및 환경은 이미 앞에서 다뤘습니다. 하지만 계약 전에도 현

도표 16 ▶ 주변상권 및 환경 체크리스트

체크할 내용	결과
직접 배후지(실질 상권) 세대 수는?	☐
직접 배후지 주거규모는? (중·소형에 유리)	☐
상가 앞 통행인구는?	☐
주변상가 영업상태는?	☐
동선의 지형지세는?	☐
체크하지 못한 세부적인 상권 방해 요인(교회, 공터, 방해업종)은?	☐
상권 내 예정된 시설계획은?	☐

장을 둘러보면서 다시 한 번 관련 사항들을 확인해봐야 합니다. 놓친 부분이 있지는 않은지, 주변환경에 문제는 없는지 등 최대한 꼼꼼하게 체크하고 확인해봐야 합니다. 이때 체크할 사항들은 직접 배후지 규모, 통행인구, 상권 내 시설계획, 상권 단절 요인, 주변상가 영업상태 등입니다.

② 주변시세 파악

매매시세, 분양가, 임대, 권리금의 시세를 확인해야 합니다. 이를 확인하는 가장 빠른 방법은 주변 부동산 사무소에 나온 매물들을 통해 확인하는 것입니다. 몇 개 업소를 직접 방문해서 알아보거나 전화로 물어보면 어렵지 않게 시세를 파악할 수 있습니다.

그렇다고 무턱대고 전화해서 가격만 물어본다고 부동산 사무소에서 바로 답해주지는 않습니다. 매매나 임대를 구하는 사람처럼 문의해야 원하는 정보를 얻기 좋습니다. 그래야 정확한 정보를 얻을 수 있습니다. 이런 과정을 거치다 보면 부동산 사무소를 통해 더 좋은 매물을 찾을 수도 있고, 나중에 임대나 매매를 할 때도 도움을 받을 수 있습니다. 시세를 알아보면 적정한 가격인지, 임대료는 저평가되어 있는지, 무리하게 많이 받고 있는 건지 알 수 있습니다. 또한 권리금 수준에 따라 상가의 가치도 파악할 수 있습니다.

③ 임차인 상태

계약하려는 상가가 기존상가라면 임차인이 영업을 하고 있을 겁니다. 그러면 시세에 맞는 적정금액에 임대가 들어 있는지, 월세는 밀리지 않고 장사를 잘하고 있는지, 성향은 어떤지 등에 대해 알아봐야 합니다. 혹은 임대인이 임차인을 견디지 못하고 상가를 팔기도 합니다. 성향이 과격한 임차인을 임대인이 견디지 못한 경우이지요. 이런 상황이라면 투자를 신중하게 생각해야 합니다. 임차인 상태를 파악하려면 다양한 경로를 활용해야 합니다. 인근 부동산 사무소를 통해 알아볼 수도 있고, 주변상가에 가서 물어보는 것도 한 방법입니다. 또 계약 전에 두세 번 정도 오전, 오후, 저녁, 평일, 주말 등 시간대를 달리하여 직접 상가를 방문해보면 대략적인 운영상황은 파악할 수 있습니다.

④ 건물 하자 여부

상가도 주택처럼 하자가 생깁니다. 상가는 웬만한 부분은 임차인들이 스스로 해결하면서 사용하지만 간혹 가다가 임대인에게 부담되는 하자들도 있습니다. 사전에 관리사무소를 통해 확인해야 합니다. 공동시설인 주차장, 엘리베이터, 옥상 등에 문제가 생기면 수선유지비 등으로 해결하게 되는데, 보통 관행적으로 임차인들이 부담합니다. 하지만 임대인에게도 책임이 있기 때문에 하자가 많은 상가인지도 잘 파악해야 합니다.

보통 신축건물은 하자에 대비해 일정기간 하자보수예치금 제도라는 장치가 있습니다. 기존상가도 부동산 중개사무실을 통해 거래를 하면 하자 문제에 대하여 기본적으로 점검해주게 되어 있으며, 민법(580, 581조)에서도 '매도인의 하자담보 책임'이라는 조항으로 매수인을 보호하는 유상거래 안전보장 내용이 있어 그렇게 큰 문제는 일어나지 않습니다.

⑤ 건물 관리 상태

작은 규모의 상가라면 상관이 없겠지만, 큰 상가나 주상복합 상가들은 주차장 수익이라든지 옥상 통신설비, 광고수익 등 건물 자체 수익이 발생하는 경우가 많습니다. 이런 수입을 수선유지비로 사용하여 관리비 부담을 줄이는 것도 중요합니다. 또 경우에 따라서는 과도한 관리비로 인해 분쟁이 생기는 경우도 많기 때문에 관리 주체나 관리회사에 대한 내용도 알아봐야 합니다. 필자는 건물 내 식당이나 분식집이 있으면, 한가한 시간에 식사를 하면서 이것저것 물어보는 식으로 알아봅니다. 이렇게 조사하다 보면 무난한 답변을 받을 때도 있고, 관리사무소에 불만이 있는 업주를 만나기도 합니다. 이런 류의 방법이 상가의 전반적인 정보를 얻기에 좋습니다.

⑥ 대출가능금액

신규분양상가는 은행과 대출한도, 금리 등에 대해 사전에 조율해놓기 때문에 신용불량 같은 큰 변수만 없으면 50~60% 정도의 대출이 가능합니다. 또한 기존상가는 최초 분양 당시 조사한 감정평가 자료가 있다고 하더라도 재 감정을 해서 대출가능금액을 계산해봐야 합니다. 신규분양상가의 대출비율만 믿고 덜컥 계약했다가 나중에 어려운 상황을 겪을 수도 있습니다. 그러므로 미리 은행을 방문하여 대출가능금액을 알아본 다음 계약을 해야 합니다. 실제로도 대출이 부족해 계약을 못하는 일이 많으니, 꼭 확인해야 합니다.

⑦ 위반건축물 여부

상가물건들을 살펴보다 보면 구분상가도 위반건축물로 등재된 곳이 가끔 있습니다. 예를 들면 공용부분까지 상가를 무단 확장했거나, 상가의 층고가 높다고 허가 없이 복층으로 만들었거나, 정해진 용도와 다른 업종으로 영업을 하는 경우에 위반건축물이 됩니다. 상가가 위반건축물로 적발되면 사진처럼 건축물대장에 '위반건축물'이라고 등재됩니다. 하지만 등기사항전부증명서 같은 다른 문서에는 표시되지 않기 때문에, 계약 전에 반드시 건축물대장을 확인해야 합니다. 건축물대장은 '민원24(www.minwon.go.kr)'에 접속하시면 무료로 열람이 가능하며(공인인증서 필요) 관할 관공서에서도 발급할 수 있습니다.

위반건축물이 되면 원상복구 명령이나 이행강제금 등의 불이익이 발생합니다. 만약 이를 해결하지 않으면 허가나 등록이 필요한 업종에 임대를 놓을 수도, 영업을 할 수도 없기 때문에 반드시 확인해야 합니다.

건축물대장의 위반건축물 표시와 위반건축물 등재 원인 및 내용이다.

만약 위반건축물임에도 상가가 마음에 들어 계약을 한다면, 매도인에게 잔금 시까지 해결하는 조건으로 계약하면 됩니다.

⑧ 등기사항전부증명서

등기사항전부증명서는 예전의 등기부등본을 말합니다. 기존상가라면 보통 부동산 사무소를 통해 계약하게 되므로 건축물대장, 등기사항전부증명서와 같은 필수서류와 사실 확인 등을 통해 안전한 거래가 가능합니다.

전부증명서는 크게 표제부, 갑구, 을구로 나누어집니다. 표제부에는 건물 및 대지권에 대한 내용이 나오고, 갑구에는 소유자에 대한 내용, 을구에는 근저당권과 같은 대출내용 등에 대한 기록이 있습니다. 따라

도표 17 ▶ 투자결정 전에 확인할 사항

기존상가	분양상가
주변상권 및 환경 파악	상권분석
주변 시세(매매, 임대, 권리금)	동선 예측
임차인 상태 파악	분양가 비교(시세 파악)
건물 하자 여부 파악	개별상가 파악
건물 관리 상태	신탁회사, 분양승인 여부
대출가능금액	대출한도 및 금리
위반건축물 여부	
등기사항전부증명서 확인	

서 매도인이 본인이 맞는지 신분증과 함께 확인해야 하며 대출은 얼마나 받았는지, 채무관계가 복잡해서 경매에 넘어가지는 않았는지 등 권리에 관한 중요한 내용을 확인해야 합니다.

⑨ 신탁회사와 분양승인 여부

신규상가 분양은 아직 지어지지 않은 건물에 미리 계약금, 중도금 등을 지불하는 것입니다. 신탁회사는 돈이 안전하게 사용될 수 있도록 중간에서 자금관리를 해주는 곳입니다. 그러므로 투자하려는 상가가 신탁회사와 계약이 되어 있는지 체크해야 합니다. 계약금, 중도금 등 회사에 납부해야 하는 모든 금액을 신탁계좌에 납부해야 나중에 시행사 부도 등으로 건축이 중단되어도 손해를 최소화할 수 있습니다.

분양승인을 받지 않아 분양을 할 수 없는 상태임에도 사전예약이라는 표현으로 청약을 받는 일도 많습니다. 이런 경우 좋은 자리를 잡기 위해 어쩔 수 없이 관례적으로 청약금을 납부하기도 합니다. 그렇다면 시행사 계좌가 아닌 신탁계좌를 통해 납부해야 합니다. 또한 해당 시·군·구청 건축과에 문의해서 분양승인 여부를 알아봐야 합니다.

투자자는 투자결정 전에 확인할 사항이 많습니다. 필자 또한 돌다리는 여러 번 두드릴수록 좋다고 생각합니다. 그동안 파악했던 내용들을 다시 한 번 검토하는 일부터 세부적인 내용들을 점검하는 일까지 리스트를 만들어 하나씩 체크하기를 추천합니다.

Step 02.

신규분양상가 투자는
반드시 도면을 확인하라

신규분양상가에 투자할 때는 치수가 나와 있는 도면을 반드시 확인해야 합니다. 기존상가는 눈으로 볼 수 있어 잘 살펴보기만 해도 많은 것을 확인할 수 있지만, 신규분양상가는 어쩔 수 없이 계획도나 평면도 같은 도면만으로 판단해야 하기 때문입니다. 실제로 분양 당시에 제공되는 CG사진과 준공 후 실제 상황이 차이가 나서 분쟁이 발생기기도 합니다.

필자는 첫 직장이 설계회사였기 때문에 도면도 많이 보고 그려본 경험도 있어 웬만한 도면은 파악이 가능합니다. 그래도 가끔 놓치는 것이 있습니다. 하물며 상가를 잘 모르는 초보자라면 도면을 보고도 뭘 봐야 하는지 모를 수 있을 것입니다. 이번 장에서는 도면과 관련된 실제 사례를 들어 어떤 사항을 살펴야 하는지 알아보겠습니다.

🏠 도면과 현장은 다르다

 도면에서 확인할 사항은 전면넓이, 출입구, 뒷문, 기둥, 엘리베이터 위치, 화장실 등이 있습니다. 이 중에서 가장 중요한 것이 전면넓이입니다. 브로셔에 나오는 평면도를 봐서는 전면넓이를 알 수 없는 경우가 많으므로 꼭 체크해봐야 합니다. 전면은 적어도 3.5m 이상은 되어야 합니다. 그래야 출입문을 뺀 나머지 모양이 그런 데로 나오기 때문입니다. 전면은 넓을수록 좋습니다. 대부분 상가들은 수익성을 높이기 위해 전면은 최소로 하고 후면으로 길게 배치하는 형태로 공급하고 있습니다. 경우에 따라 3m 정도로 좁게 배치하는 상가도 있습니다. 그러니 검토하고 있는 상가의 전면이 그 정도로 좁다면 과감히 포기하는 것이 좋습니다.

 주의해야 할 점은 도면상 전면넓이 치수가 3.5m라고 해도 벽과 벽의 중심선이 기준이라는 것입니다. 기둥이나 지장물 때문에 전면 폭이 줄어드는 경우도 있습니다. 도면 사진을 보면 전면 치수가 표시되지 않은 평면도입니다. 자세히 확인하면 A상가는 기둥이 양쪽으로 있고, B상가는 한쪽만 있습니다. 도면상 두 상가의 전면넓이가 3.5m로 동일하다고 해도 밖에서 보는 전면넓이는 차이가 클 것입니다. 실제로 다음 사진의 A상가는 1층 전체 호실 중에서 가장 늦게 분양이 되었습니다.

 반면에 출입구는 위치만 확인하면 되기 때문에 파악하기가 용이합니다. 상가 뒷문의 경우도 계단이나 엘리베이터 위치와 연관이 있습니다. 예를 들어 상가 상층부에 상주하거나 방문한 사람들에게 뒷문이 있으

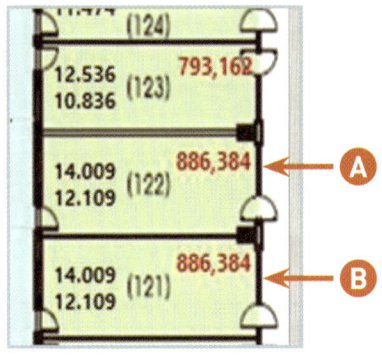

도면에서 보면 A와 B의 전용면적은 같지만, 실제 현장을 보면 사진처럼 A상가 양쪽으로 기둥이 있다. 도면처럼 기둥에 가려져 있는 면적이 많아 상대적으로 전면이 좁아 보인다.

C상가와 D상가는 전면넓이와 층고의 차이가 나는 사례이다. 층고의 차이는 평면도로는 알기 어려우니 더욱 주의해야 한다.

면 편하게 출입을 할 수 있으므로 확인할 필요가 있습니다. 간혹 뒷문이 없는 1층상가도 있는데, 설사 사용하지 않더라도 되도록 뒷문이 있는 것이 유리합니다.

중요한 것은 전면에 있는 기둥입니다. 보통은 기둥을 등간격으로 배치해놓고 기둥 가운데를 기준으로 상가를 나눕니다. 기둥이 크고 간격이 넓은 대형건물은 상가를 일정하게 분할할 수 없기 때문에 배치가 일정하지 않습니다. 그래서 상가 전면 중간에 기둥이 생기기도 하고, 기둥이 한 쪽으로만 들어와서 전면을 가리기도 합니다. 그런 상가인지 확인하지 못하고 계약했다가 현장에 가보니, 폭이 1m나 되는 기둥이 내 상가 가운데 떡하니 있다면 기분이 어떨까요? 꼭 치수가 나와 있는 도면을 확인해봐야 합니다.

뒤에 나오는 평면도는 기둥이 불규칙하게 배치된 사례입니다. 이 평면도의 상가는 규모가 큰 편입니다. 도면에서 ①, ②, ③번 상가는 전면 상가를 분할하는 기둥이 중간에 있는 경우입니다. 시행사에서 상가의 분양성을 높이고 상가에 적절한 임차업종들을 미리 예측하여 그에 맞는 면적으로 호실을 분할하다 보면, 중간에 기둥이 있는 상가가 생기기도 하는 것입니다. 반면에 ④번 구역 상가들은 기둥에 맞춰 등간격으로 분할된 것을 볼 수 있습니다. 기둥도 작아 보입니다. 이것은 ①~③번 상가가 있는 구역 쪽의 높이가 10층이 넘는데 비해, ④번 구역 상가 쪽은 5층 정도의 저층이어서 하중을 덜 받아 기둥이 작은 것입니다. 또 ⑤~⑥번 상가를 보면 ⑤번 상가는 뒷문이 없고, ⑥번 상가는 뒷문이 있습니다. 뒷문이 있으면 건물 내부에서 상가로 진입하기에 좋습니다. 사람

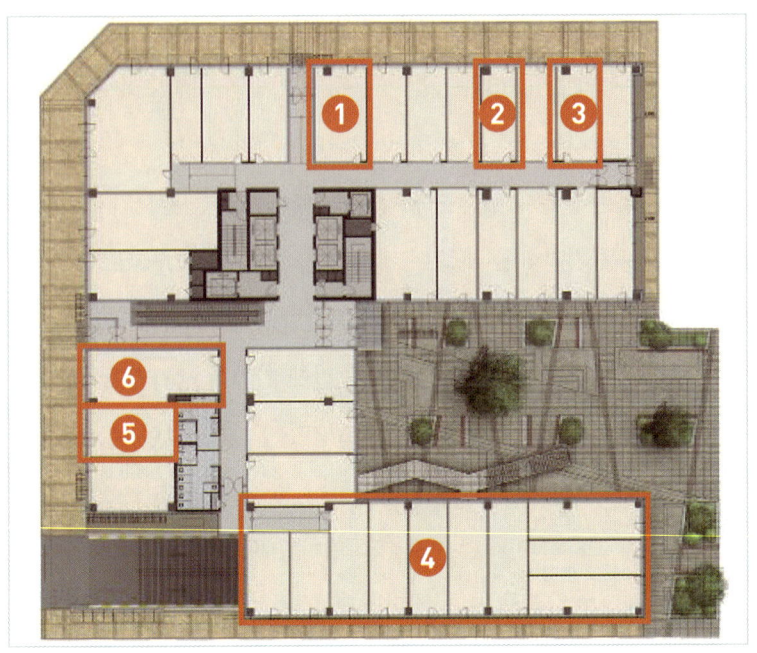

들은 가능한 최단거리로 움직이려는 습성이 있기 때문에 뒷문이 있는 것이 여러 가지로 유리합니다.

🏛 확인을 제대로 하지 않아 실패한 사례

기둥을 확인하지 못한 사례

폭이 1m나 되는 기둥이 가운데 있는 상가를 본 적이 있나요? 앞에서 예를 들었던 불규칙 기둥의 상가가 여기에 해당됩니다. 주상복합 아파트나 오피스텔 같은 건물들은 아무래도 규모가 크다 보니 기둥도 굵습니다. 큰 규모의 상가는 기둥에 맞춰 상가를 예쁘게 분할하기 쉽지 않기 때문에 이런 특이한 모양의 상가들이 생기는 것입니다.

실제로도 이것 때문에 분쟁이 일어나기도 합니다. 몇 년 전 주상복합 아파트 1층상가 현장에서 있었던 일입니다. 준공이 얼마 남지 않은 상가였는데 그 앞에 임시로 꾸며놓은 분양사무실에서 분양을 받은 고객이 회사직원과 실랑이를 하는 것을 본 적이 있습니다. 들어보니 전면이 넓어서 상가를 샀는데 나중에 건물 다 지을 때쯤 와서 보니, 상가 가운데에 1m 기둥이 생긴 것이었습니다. 그래서 분양사무실에 와서 따지고 있었던 것이지요.

물론 확인을 제대로 못한 투자자도 잘못이지만, 분양회사도 그 정도 기둥이면 자세히 설명을 해주는게 맞는데 그러지 않았던 모양입니다. 게다가 가로만 1m가 아니라 세로도 1m라 안쪽에서도 답답한 느낌이 들 정도였습니다. 결국 어쩔 수 없이 잔금을 치렀지만 임대로 들어왔던 임차인들도 줄줄이 장사가 되지 않아 몇 번의 손바뀜이 되었다고 합니다. 위치는 괜찮았는데, 아무래도 전면 노출이 잘 되지 않아 그랬던 것으로 보입니다. 그러다 장사를 잘하는 임차인이 들어와서 가게도 살리고 장사도 잘하고 있다고 하는 얘기를 얼마 전에 들었습니다. 나중에라도 일이 잘 풀려서 다행이지만, 애초에 이런 상황을 겪지 않기 위해서는 도면과 현장을 비교해 꼼꼼히 체크하는 노력이 반드시 필요합니다.

뒷문을 확인하지 못한 사례

뒷문과 관련된 사례는 필자의 지인 J씨 이야기입니다. J씨는 경기도 어느 지역에서 유명 패스트푸드 점을 운영하고 있습니다. 20년 가까이 사업을 하면서 돈도 많이 벌고 상가투자로도 재미를 많이 본 경험이 있습니다. 몇 년 전 지역 내 좋은 위치에 상가가 들어서면서 분양을 했는데, J씨도 오픈을 하자마자 분양사무실에 찾아가 상담을 했습니다.

당시에 분양사무소 본부장이 추천하는 1등 코너자리가 있었고, 평수에 비해 분양가가 낮게 나온 편의점 지정자리가 있었습니다. 병원이 많이 들어오는 상가라 가장 좋은 1층 코너자리는 약국 지정으로 묶였고, 자리가 좋다보니 분양가도 비쌌습니다. J씨는 고민 끝에 편의점 자리로 추천받은 코너 옆자리를 분양받게 됩니다. 편의점 자리는 엘리베이터 앞쪽으로 뒷문이 나 있어 양쪽으로 출입하기 좋은 구조였습니다.

코너 약국자리는 같은 지역의 현직 약사가 분양을 받게 됩니다. 상부층에 이비인후과, 내과, 소아과를 포함한 6개 병원들이 속속 계약이 이루어져서 그 자리는 탄탄대로처럼 보였습니다. 그런데 곧 예상치 못한 문제가 생겼습니다. 약사가 분양받은 코너상가가 외부에서 접근하기에는 좋은 자리지만, 내부로 연결되는 뒷문이 없다는 것을 알게 된 것입니다. 병원진료를 받은 사람들이 약국을 가려면 출입구로 나가서 코너까지 돌아가야 하는 불편한 동선이 되는 것을 체크하지 못했던 것이지요.

궁여지책으로 코너자리를 다른 업종으로 임대를 주고 본인이 뒷문이 있는 쪽으로 임대를 해서 들어가려는 계획을 세웁니다. 하지만 약사가

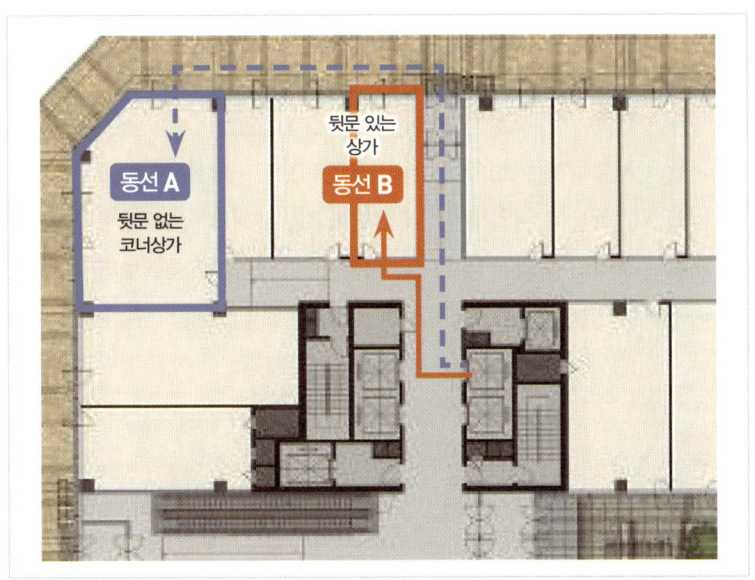

본인 상가를 임대 주는 사이에 J씨 상가로 약국 입점 희망자들끼리 경쟁이 붙어서, J씨는 예상 임대가의 2배나 되는 가격으로 약국 임대를 주게 된 것입니다. 계약 시 도면을 확인하지 않은 약사는 좋은 상가는 얻었지만, 애초에 목적이었던 독점 약국 자리를 놓치게 되었습니다. 반면에 J씨는 운도 따랐겠지만, 도면을 꼼꼼히 살펴보고 뒷문의 용도까지 파악한 덕에 2배의 이득을 얻게 된 것이지요. 이처럼 신규상가분양에서는 확인에 확인을 거듭해야 합니다. 계약 전에 반드시 도면과 주변상황을 꼭 체크해야 합니다.

독점자리, 지정자리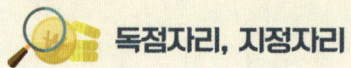

상가를 분양하는 회사에서는 분양전략으로 특정한 업종을 처음부터 지정해놓고 분양하는 일이 많습니다. 특히 약국 자리, 편의점 자리는 코너나 출입구 양쪽으로 지정을 해놓고 다른 호실보다 높은 가격에 분양을 합니다. 하지만 독점자리라고 다 좋은 것은 아닙니다. 약국은 처방전이 잘 나오는 내과, 이비인후과, 소아과 같은 진료의원이 입점하지 않으면 무용지물입니다. 그러므로 병의원이 입점할 만한 상가라는 전제가 따라야 한다는 점을 주의해야 합니다.

계약서,
각종 사항들을 따져라

투자결정에 앞서 확인해야 할 사항들과 도면까지 검토가 끝나고 나면 계약만 남습니다. 당연히 상가투자 경험이 많지 않은 초보투자자라면 신경 쓰이고 걱정되는 일이 한두 가지가 아닐 겁니다. 이제 안전한 계약진행을 위한 사항과 향후 분쟁 여지가 있을 만한 부분들을 명확히 하는 것이 중요합니다.

🏠 계약 전 확인해야 할 공부

공부는 공적장부를 말합니다. 계약 시 확인해봐야 할 공적장부는 등기사항전부증명서, 건축물대장, 토지이용계획확인원 등이 있습니다. 투자결정 단계에서도 확인했지만, 계약 당일에 권리의 변동사항이 없는지 다시 한 번 확인해야 합니다. 소유자 현황, 대출 상황, 위반건축물 여부 등을 다시 한 번 꼼꼼히 체크해봅시다.

등기사항전부증명서

등기사항전부증명서는 '대법원 인터넷등기소(www.iros.go.kr)'에서 열람할 수 있으며, 회원가입과 로그인이 필요한 사이트입니다. 등기사항전부증명서를 열람하는 이유는 다음과 같습니다. 첫째, 정확한 주소와 층, 호실이 맞는지 확인합니다. 둘째, 전용면적은 정확한지, 대지지분은 얼마나 되는지 확인합니다. 셋째, 공부상 소유자가 본인이 맞는지 확인합니다. 넷째, 압류, 근저당권(채무액)과 같은 권리상 문제는 없는지 확인합니다. 특히 상가투자 시 대출을 받게 되면 사진에 표시된 ④

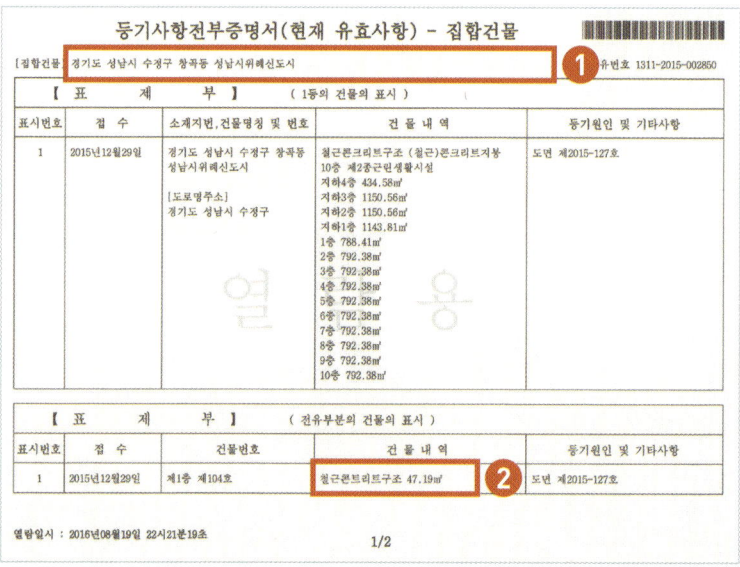

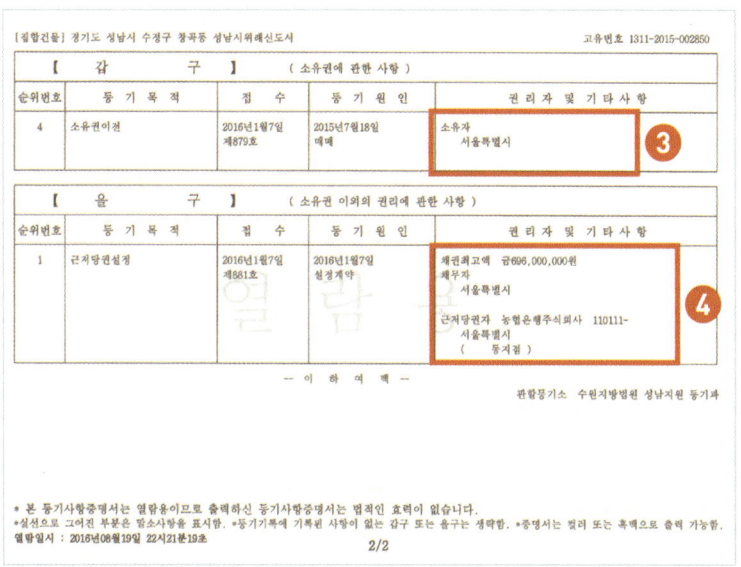

등기사항전부증명서

번처럼 채권최고액(대출금의 약 120%)과 대출은행이 표시됩니다.

건축물대장

　건축물대장은 '민원24(대한민국 전자정부)'나 '세움터(www.eais.go.kr)'에서 온라인 열람이 가능합니다. 건축물대장을 열람하는 이유는 다음과 같습니다. 첫째, 위반건축물 여부(불법 건축물이 있어 적발된 경우 건축물대장에 등재됨)를 확인합니다. 둘째, 전유부분의 용도와 정확한 면적(등기부보다 건축물대장의 면적이 정확한데, 간혹 다르게 기재된 경우가 있음)을 확인합니다. 셋째, 소유자 현황을 확인합니다. 넷째, 건물의 용도변경이나 위반건축물 등재 사유 등 건물에 대한 변동사항을 확인합니다.

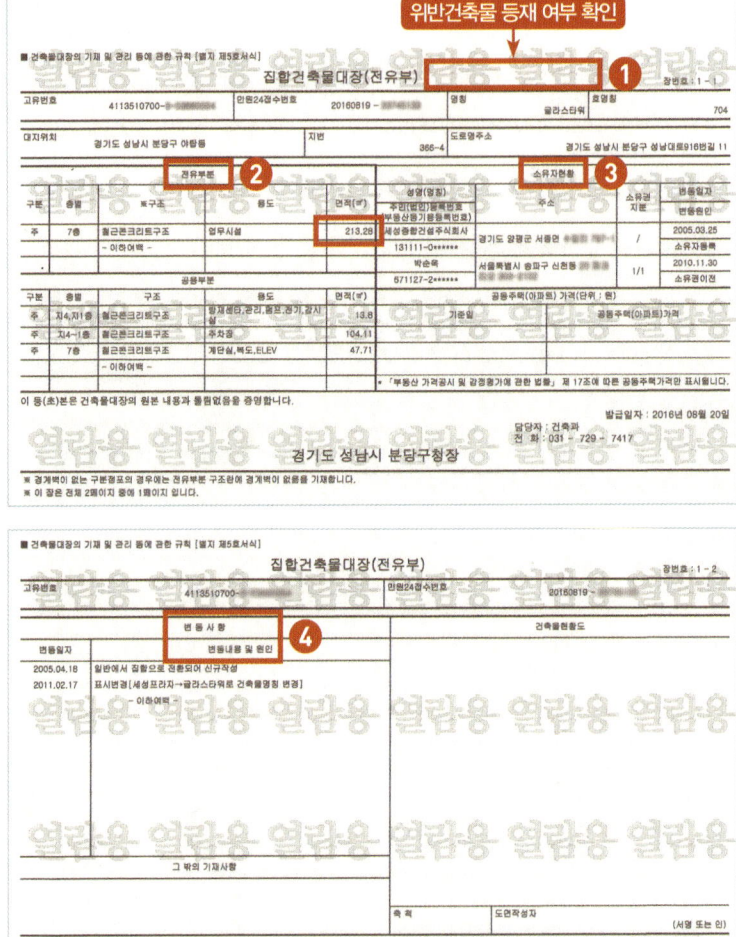

집합건축물대장

　　상가투자 시 건축물대장에서 가장 중요하게 봐야 할 부분은 위반건
축물 여부와 전유부분의 용도 및 면적 확인입니다. 위반건축물은 건물

의 불법용도변경, 무단증축(복층시설 등)과 같이 불법사항이 적발되는 경우 건축물대장 우측 상단에 '위반건축물'이라는 낙인이 생깁니다. 이때 원상복구를 하지 않으면 이행강제금 및 강제철거명령 등 투자물건에 막대한 손해가 발생할 수 있으므로 기존상가를 거래할 경우 반드시 확인해야 합니다. 또한 전유부분의 면적도 계약면적과 같은지 체크해야 합니다. 건축물의 용도와 면적에 따라 사용이 불가능한 업종도 있기 때문에 꼭 확인해야 합니다. 당구장, PC방, 학원 같은 업종의 면적이 500㎡ 미만일 때 용도가 근린생활시설로 가능하지만, 500㎡ 이상이면 당구장은 체육시설, PC방은 복합유통 게임제공업, 학원은 교육연구시설로 건축물 용도를 변경해야 합니다.

토지이용계획확인원

토지이용계획확인원은 '토지이용규제정보서비스(luris.molit.go.kr)'에서 로그인 없이 무료로 열람이 가능합니다. 이를 확인하는 이유는 다음과 같습니다. 첫째, 전체 토지면적을 확인합니다. 둘째, 공시지가 등을 파악합니다. 셋째, 상업지역인지 준주거지역인지 토지의 용도지역 확인과 상가와 접한 도로의 폭 등을 확인합니다. 넷째, 정화구역 여부를 확인합니다. 신도시는 입주가 된 이후 시일이 지나야 토지정리가 되는데, 그래서 토지대장 대지권등록부나 등기사항전부증명서에 대지지분 표시가 나타나 있지 않은 경우가 있습니다.

토지이용계획확인원에서 중요한 부분은 해당 토지의 용도지역(일반상업지역)입니다. 용도지역에 따라 건축행위가 불가한 행위제한 사항이

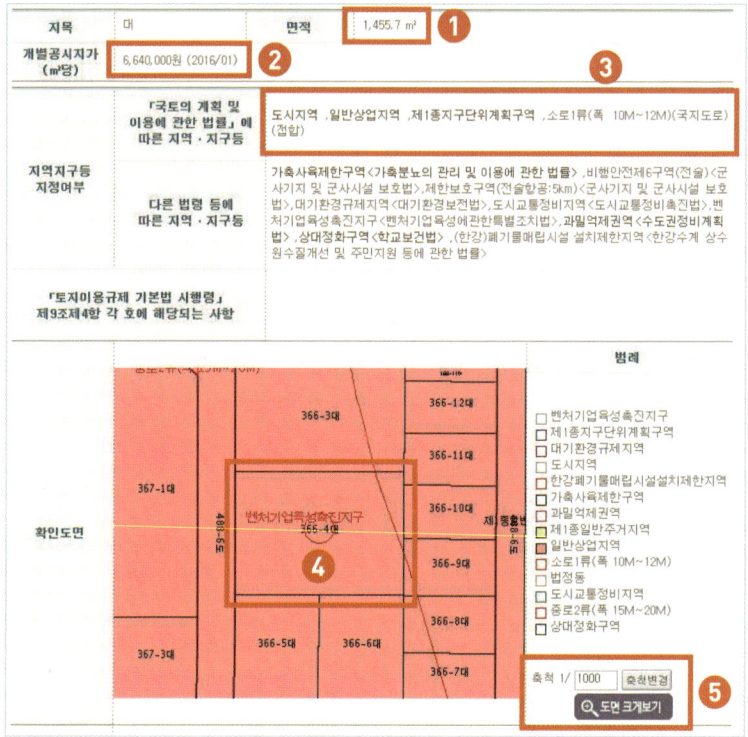

토지이용계획 확인원

있습니다. 구분상가는 대부분 근린생활시설의 용도이므로 문제가 거의 없습니다. 하지만 특정한 용도(자동차 정비 공장, 병원, 주차장 등)로 상가를 사용하고자 할 때는 용도지역에 따라 사용이 불가하거나 조례에 따라 결정되는 등 제한이 있을 수 있으니 확인해야 합니다.

또 정화구역 여부도 확인해야 합니다. 노래방, 단란주점, 당구장, PC방과 같은 업종들은 정화구역 내에서는 절대금지, 또는 교육청 심의조건부로 영업이 가능하기 때문입니다. 참고로 '절대정화구역'은 학교출입문으로부터 직선거리로 50m까지이며, '상대정화구역'은 학교경계선 또는 학교설립예정지경계선으로부터 직선거리로 200m까지에서 절대 정화구역을 제외한 지역입니다.

🏛 그밖의 사항과 확인 방법

임대차계약서

　기존상가는 현재 임차인과의 임대차계약 내용이 정확한지 확인해야 합니다. 그래서 계약하기 전에 유효한 임대차계약서 원본을 열람하고, 임대료는 맞는지, 계약기간은 언제까지인지, 계약서상 임차인이 실제 영업을 하는지 파악합니다. 원래 임차인 대신 제3자가 영업을 하고 있는 경우도 있으며, 기존 임차인과의 관계에 문제가 있어 차후 보증금 반환 등의 문제로 분쟁이 생길 수 있으니 주의해야 합니다. 상가도 아파트처럼 자체 관리규약에 의해 장기수선충당금을 임차인에게 부과하고, 명도 시 정산하여 임대인이 임차인에게 지급하는 경우도 있습니다. 이 부분은 상가마다 방식이 다르고 임대차계약서에 기재되어 있지 않기 때문에 관리사무소에 알아봐야 합니다.

대출가능금액 확인

　대출가능금액 확인도 계약 전에 반드시 해야 할 일입니다. 기존 대출이 있다면 조건은 어떤지, 승계는 가능한지, 신규대출은 얼마나 받을 수 있는지 알아봐야 합니다. 은행마다 담보비율이 다르고 금리도 약간씩 다를 수 있기 때문에 계약 전에 미리 발품을 팔아야 합니다.

특약사항

특약사항은 주소, 금액 같은 기본적인 계약내용 외에 상호합의된 사항을 기재합니다. 기본 계약법보다 항시 우선하므로 중요합니다.

① 소유자가 여러 명일 경우 인감증명서가 첨부된 위임장을 확인하고 대표 1인이 계약체결한다는 내용을 기재합니다.

② 임대차계약 내용을 명시하고 현 임차인과의 임대차 계약을 승계할지, 명도할지 합의한 후 조건을 기재합니다.

③ 대출금액에 관한 내용을 기재하고 승계할지, 잔금 시 매도인이 말소할지 합의한 후 기재합니다.

④ 계약 당시 합의하지 않은 하자 발생 시 매도인이 책임지는 내용을 기재합니다.

⑤ 위반건축물이 있다면 매도인이 잔금 시까지 해결해주는 조건임을 기재합니다.

⑥ 상가매매에는 부가가치세가 발생하므로 일반매매계약으로 세금계산서를 발부할지, 매도인의 기존 사업자를 그대로 인수하는 포괄양도양수로 할지 합의한 후 기재합니다.

⑦ 부가가치세는 별도라는 내용을 기재합니다. 단, 매도인의 임대사업자를 그대로 인수하는 경우(포괄양도양수)에는 매수자가 부가가치세를 납부하고 환급받는 절차를 생략할 수 있으므로 사업자 포괄양도양

수 계약이라는 내용을 넣어야 합니다.

분양계약 시 확인사항

① 시행사와 직접계약을 합니다. 이때 계약자는 회사를 대표할 권한이 있는 사람이어야 합니다.

② 시행사, 시공사, 신탁사의 직인 날인을 모두 받습니다.

③ 계약금은 시행사 대표회사의 개인계좌가 아닌 분양계약서에 지정된 계좌(보통 신탁계좌)로 입금해야 합니다.

④ 분양면적, 전용면적이 계약서에 정확히 명시된 것을 확인합니다.

⑤ 입점예정일 지체에 따른 지체보상금에 대해 명시합니다. 이때 이자율까지 확인합니다.

⑥ 구두약속은 반드시 분양계약서에 명시해야 효력이 있습니다.

이 외에도 상가의 용도(근린생활시설, 업무시설 등), 해당 상가 호실의 정확한 위치, 관리운용방식 등도 알아보는 것이 좋습니다. 상가는 좋은 물건을 찾아 투자를 결정해도, 내부적인 문제가 있거나 계약을 잘못해서 골치 아픈 일을 겪게 될 수 있습니다. 투자결정 단계부터 계약단계까지 꼼꼼히 체크하여 실패하지 않는 상가투자가 되어야 할 것입니다.

기존상가라면 부동산 사무소에서 물건의 하자나 권리상 문제를 검토하기 때문에 안전하게 거래할 수 있습니다. 다만 부가가치세 납부 절차를 생략하기 위한 포괄양도양수 문제나 위임장 없는 대리계약 등의 문제를 간혹 놓치는 경우도 있으니 주의해야 합니다. 특히 상가 부가가치

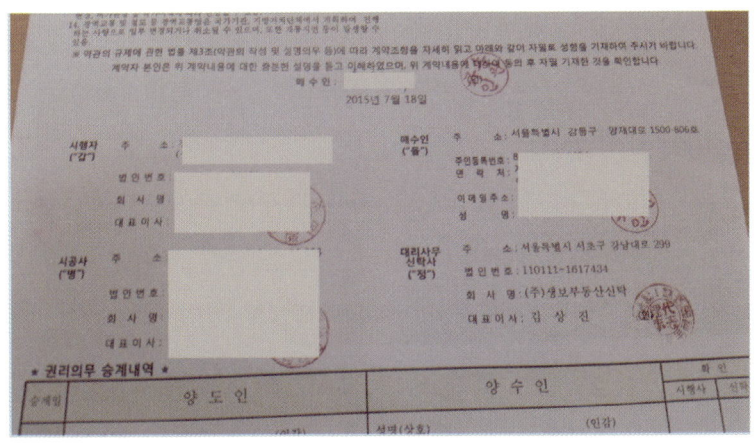

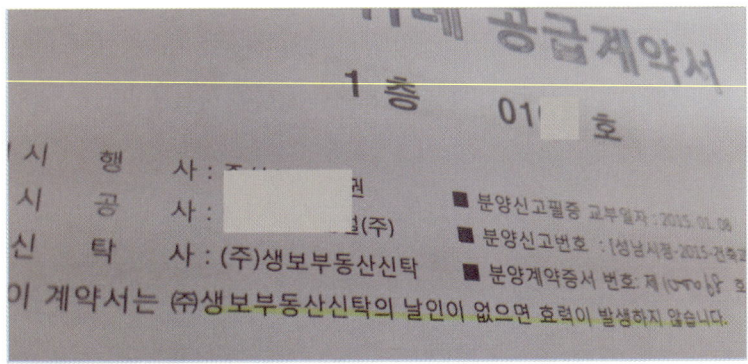

세는 '부가가치세는 별도'라는 문구를 계약서에 기재를 하지 않으면, 부가가치세가 매매대금에 포함된 것으로 간주합니다. 이런 경우 잔금시점에 문제가 생기기도 하지요. 그러니 꼭 알고 있어야 합니다.

상가권리금은 어떻게 다룰 것인가?

상가는 권리금이 많이 생기는 자리일수록 좋습니다. 많게는 수억 원을 호가하는 권리금은 상가가 번성하고 상권이 좋아지면서 임차인들이 부수적으로 얻는 수익라고 할 수 있습니다. 상권이 좋아지는 만큼 임대인들이 임대료를 올리기 좋은 지렛대 역할을 하기도 합니다.

권리금은 최근까지 법적으로 보장받을 수 없는 권리였습니다. 무형자산이기 때문에 임대인은 모른 척하고, 임차인들끼리 주고받는 음성적인 형태의 금전거래입니다. 예전에는 상가가 많지 않아 상가공급이 부족했는데, 그때 기존 상가임차인들이 자릿값으로 주고받던 관행이 지금의 권리금으로 자리 잡게 된 것입니다. 그래서 권리금의 주체는 지금까지 임차인들이었습니다. 하지만 최근에는 상가소유자인 임대인들도 권리금 인식을 달리하고 있습니다.

🏠 이제 권리금도 법의 영역이다

최근 신축상가처럼 임차인이 없는 상태에서 임대를 놓을 때 임대인들도 주변 권리금시세에 맞춰 바닥권리금을 요구하는 사례가 늘고 있습니다. 이전에는 신축상가에 발빠르게 입점해 '권리금 장사'를 하는 임차인들이 있었습니다. 이런 사례 때문에 임대인이 일정 부분 바닥권리금 수익을 취하려는 나서고 있습니다. 임대인이 받은 바닥권리금에 대해 임차인이 동의하고 약정한 기간 동안 영업을 정상적으로 해왔다면 임대인은 권리금의 반환의무를 지지 않는다는 대법원 판례가 2001년에 있었습니다.

이 판례는 권리금을 임대인도 요구할 수 있다는 얘기가 됩니다. 다만 음성화된 권리금 수익도 소득이므로 세금납부 문제가 발생할 수 있으며, 초기부터 높은 임대료에 과도한 바닥권리금까지 임대인이 챙기면 생계를 위해 창업전선에 뛰어든 임차인에게는 무거운 짐이 될 수 있습

> **[대법원 2001.4.10, 선고, 2000다59050, 판결]**
> 영업용 건물의 임대차에 수반되어 행하여지는 권리금의 지급은 임대차계약의 내용을 이루는 것은 아니고 권리금 자체는 거기의 영업시설·비품 등 유형물이나 거래처, 신용, 영업상의 노우하우 know-how 또는 점포 위치에 따른 영업상의 이점 등 무형의 재산적 가치의 양도 또는 일정 기간 동안의 이용대가라고 볼 것인바, **권리**

금이 임차인으로부터 임대인에게 지급된 경우에, 그 유형·무형의 재산적 가치의 양수 또는 약정기간 동안의 이용이 유효하게 이루어진 이상 임대인은 그 권리금의 반환의무를 지지 아니하며, 다만 임차인은 당초의 임대차에서 반대되는 약정이 없는 한 임차권의 양도 또는 전대차의 기회에 부수하여 자신도 그 재산적 가치를 다른 사람에게 양도 또는 이용케 함으로써 권리금 상당액을 회수할 수 있을 것이고, 따라서 임대인이 그 임대차의 종료에 즈음하여 그 재산적 가치를 도로 양수한다든지 **권리금 수수 후 일정한 기간 이상으로 그 임대차를 존속시켜 그 가치를 이용케 하기로 약정하였음에도 임대인의 사정으로 중도 해지됨으로써 약정기간 동안의 그 재산적 가치를 이용케 해주지 못하였다는 등의 특별한 사정이 있을 때에만 임대인은 그 권리금 전부 또는 일부의 반환의무를 진다고 할 것이다.**

[판례요약]

　권리금이 임차인으로부터 임대인에게 지급된 경우 상호 약정한 기간 동안 별 문제없이 이용을 했다면 임대인은 권리금 반환의무가 없다는 내용의 판례가 있습니다. 단, 약정기간을 채우지 못하고 중도에 해지를 하는 등의 특별한 경우에만 일부 또는 전부의 반환의무를 지게 된다는 내용입니다. 이는 바닥 권리금이라고 하는 입지특성의 프리미엄을 임대인이 임차인에게 받을 수 있는 근거가 된다고 생각됩니다.

니다. 상부상조하는 관계인 임차인이 잘되어야 상가투자자인 임대인도 월세를 잘 받고 상가가치도 올라갑니다. 적정한 수준에서 권리를 찾고 서로 상생하는 방법이 좋습니다.

권리금도 이제 법의 영역입니다. 2015년 5월 27일, '상가건물 임대차 권리금 계약서'라는 최초의 공식 권리금 계약서가 배포되었습니다. 물론 전에도 '권리양도계약서'라는 권리금 계약서가 있었습니다. 하지만 권리금을 주고받는 사실관계 기록양식이었지, 지금처럼 법적개념을 도입하여 개정된 상가임대차 보호법을 기반으로 만든 것은 아니어서 많은 차이가 있습니다. 아직은 권리금 보장문제, 기준에 대해 분쟁의 여지가 많아서 보완이 필요합니다.

상가투자를 한다는 것은 곧 '임대인'이 된다는 것입니다. 그래서 임차인끼리 주고받는 권리금 계약서를 직접 접할 일은 많지 않습니다. 하지만 새로운 상가임대차 보호법의 임차인 권리금 보장 부분은 임대인도 꼭 알아야 합니다. 제정 및 개정되는 상가임대차 보호법의 개정내용을 정리해보면 다음과 같습니다. ① 고액의 임차인에게도 상가임대차 보호법을 적용하여 계약갱신 요구권과 5년 영업 등을 보장하고, ② 권리금 관련 법률을 제정·정의하여 임차인에게는 권리금을 회수할 수 있는 권리를 어느 정도 보장했습니다.

Advice 08

· 상가건물 임대차 권리금계약서 양식

이 계약서는 「상가건물 임대차보호법」을 기준으로 만들었습니다. 작성시 【작성요령】(별지)을 꼭 확인하시기 바랍니다.

상가건물 임대차 권리금계약서

임차인(이름 또는 법인명 기재)과 신규임차인이 되려는 자(이름 또는 법인명 기재)는 아래와 같이 권리금 계약을 체결한다.

※ 임차인은 권리금을 지급받는 사람, 신규임차인이 되려는 자(이하 「신규임차인」 이라한다)는 권리금을 지급하는 사람을 의미한다.

[임대차목적물인 상가건물의 표시]

소 재 지		상 호	
임대면적		전용면적	
업 종		허가(등록)번호	

[임차인의 임대차계약 현황]

임 대 차 관 계	임차보증금		월 차 임	
	관 리 비		부가가치세	별도( ), 포함( )
	계약기간	년 월 일부터	년 월	일까지(월)

[계약내용]

제1조(권리금의 지급) 신규임차인은 임차인에게 다음과 같이 권리금을 지급한다.

총 권리금	금	원정(₩)
계 약 금	금	원정은 계약시에 지급하고 영수함. 영수자((인))
중 도 금	금	년 월 일에 지급한다.
잔 금	금	년 월 일에 지급한다.
	※ 잔금지급일까지 임대인과 신규임차인 사이에 임대차계약이 체결되지 않는 경우 임대차계약 체결일을 잔금지급일로 본다.	

제2조(임차인의 의무) ① 임차인은 신규임차인을 임대인에게 주선하여야 하며, 임대인과 신규임차인 간에 임대차계약이 체결될 수 있도록 협력하여야 한다.

② 임차인은 신규임차인이 정상적인 영업을 개시할 수 있도록 전화가입권의 이전, 사업등록의 폐지 등에 협력하여야 한다.

③ 임차인은 신규임차인이 잔금을 지급할 때까지 권리금의 대가로 아래 유형·무형의 재산적 가치를 이전한다.

유형의 재산적 가치	영업시설·비품 등
무형의 재산적 가치	거래처, 신용, 영업상의 노하우, 상가건물의 위치에 따른 영업상의 이점 등

※ 필요한 경우 이전 대상 목록을 별지로 첨부할 수 있다.

④ 임차인은 신규임차인에게 제3항의 재산적 가치를 이전할 때까지 선량한 관리자로서의 주의의무를 다하여 제3항의 재산적 가치를 유지·관리하여야 한다.

⑤ 임차인은 본 계약체결 후 신규임차인이 잔금을 지급할 때까지 임차목적물상 권리관계, 보증금, 월차임 등 임대차계약 내용이 변경된 경우 또는 영업정지 및 취소, 임차목적물에 대한 철거명령 등 영업을 지속할 수 없는 사유가 발생한 경우 이를 즉시 신규임차인에게 고지하여야 한다.

별지)

작 성 요 령

1. 이 계약서는 권리금 계약에 필요한 기본적인 사항만을 제시하였습니다. 따라서 권리금 계약을 체결하려는 당사자는 이 표준계약서와 **다른 내용을 약정할 수 있습니다.**

제3조(임대차계약과의 관계) 임대인의 계약거절, 무리한 임대조건 변경, 목적물의 훼손 등 임차인과 신규임차인의 책임 없는 사유로 임대차계약이 체결되지 못하는 경우 본 계약은 무효로 하며, 임차인은 지급받은 계약금 등을 신규임차인에게 즉시 반환하여야 한다.

제4조(계약의 해제 및 손해배상) ① 신규임차인이 중도금(중도금 약정이 없을 때는 잔금)을 지급하기 전까지 임차인은 계약금의 2배를 배상하고, 신규임차인은 계약금을 포기하고 본 계약을 해제할 수 있다.

② 임차인 또는 신규임차인이 본 계약상의 내용을 이행하지 않는 경우 그 상대방은 계약상의 채무를 이행하지 않은 자에 대해서 서면으로 최고하고 계약을 해제할 수 있다.

③ 본 계약체결 이후 임차인의 영업기간 중 발생한 사유로 인한 영업정지 및 취소, 임차목적물에 대한 철거명령 등으로 인하여 신규임차인이 영업을 개시하지 못하거나 영업을 지속할 수 없는 중대한 하자가 발생한 경우에는 신규임차인은 계약을 해제하거나 임차인에게 손해배상을 청구할 수 있다. 계약을 해제하는 경우에도 손해배상을 청구할 수 있다.

④ 계약의 해제 및 손해배상에 관하여는 이 계약서에 정함이 없는 경우 「민법」의 규정에 따른다.

[특약사항]

본 계약을 증명하기 위하여 계약 당사자가 이의 없음을 확인하고 각각 서명 또는 날인한다.

년   월   일

임차인	주 소				
	성 명		주민등록번호		전 화	(인)
대리인	주 소				
	성 명		주민등록번호		전 화	
신규임차인	주 소				
	성 명		주민등록번호		전 화	(인)
대리인	주 소				
	성 명		주민등록번호		전 화	

상가가격과 임대료는
어떤 관계인가?

　최근에 분양하는 상가들은 가격이 상당히 높습니다. 지역별로 차이는 있겠지만 인기 있는 신도시 중심상가 분양가는 평당 5,000만 원에 육박하기도 합니다. 하지만 이것도 예전 판교신도시 중심상업지 분양가격에 비하면 낮은 금액입니다. 필자도 현장에서 일하지만 어떻게 이런 금액들이 형성되었는지 의문입니다. 무엇보다 가장 큰 문제는 상가를 분양받는 이유가 임대수익인데, 이렇게 분양가가 높으면 '과연 수익률이 따라와 줄 수 있느냐'입니다. 분양가가 높으면 결국 임차인들이 높은 임대료를 내고 장사를 해야 한다는 얘기가 됩니다. 대체 얼마나 많이 벌어야 15평 매장에서 500만~600만 원의 임대료를 내고 수익을 낼 수 있을까요?

🏠 부동산에 싼 물건은 없다

얼마 A신도시 한 상가의 코너자리가 평당 5,000만 원에 분양됐습니다. 자리가 좋긴 한데 분양가가 너무 높은 것이 아닌가 하는 생각이 들어 계산을 해보니, 전용 15평(49.5㎡)에 분양면적이 28.3평(93.5㎡)으로 14억 1,500만 원입니다. 분양직원의 설명으로는 수익률 5.5~6%가 가능하다고 하던데, 아무리 생각해도 어려운 이야기입니다. 연 수익률 5.5%를 맞추려면 보증금 1억 원에 월세가 600만 원이나 되어야 하는데, 과연 어떤 업종이 들어와서 수익을 낼 수 있을까 하는 생각이 들었습니다. 임차인 입장에서는 자리가 좋아 보이고 권리금이 없으니 초기에 입주하기에 좋겠지만, 어떤 업종이든 그렇게 높은 임대료를 주고 수익을 내기는 쉽지 않습니다.

신도시 신축상가들의 패턴을 보면 초기 분양가에 맞추어 임대료를 책정해놓습니다. 연 수익률 5.5~6% 정도 나오는 임대료에 임차인들이 입주를 하게 되는 것이지요. 그리고 2~3년 정도 지나서 상권이 활성화되는 정도에 따라 공실이 생기기도 하고, 권리금이 생기기도 할 겁니다. 분양가나 임대료가 높았던 지역은 대략 이 시점에 임대료가 조정되는 경우가 많습니다.

결국 이익을 보려면 아주 싸게 나온 상가를 사거나 권리금이 생길만한 자리를 잘 찾아서 분양받아야 한다는 얘기가 됩니다. 그런데 그런 곳이 있을까요? 누가 봐도 좋은 자리 빼놓고는 애매해 보이는 곳이 대부분입니다. 그래서 상가투자가 어려운 것이지요. 중심상가들은 당장 임대료가 만족스럽지 않더라도 미래가치가 높기 때문에 분양가가 높은 것이고, 항아리 상권 같은 위치 좋은 근린상가들은 안정적으로 임대를 놓을 수 있기 때문에 가격이 높게 형성됩니다. 그런 이유로 가격이 높고 수익률이 좀 낮아도 투자자들이 몰리는 겁니다. 반면에 이도저도 아닌 위치에 있는 작은 규모의 상가들은 눈에 도드라지는 일부 상가를 빼고는 가격을 낮춰도 분양이 잘 안 되거나 더디게 되는 경우가 많습니다. 그래서 상가에 투자를 할 때는 중심상가든 근린상가든 좋은 위치를 찾는 것을 최우선으로 해야 합니다.

분양가가 어떻게 형성되는지 한 번 볼까요? 보통 분양가는 땅값에 따라 많이 좌우됩니다. 분양이 잘될 때는 상가든 오피스텔이든 서로 땅을 사서 사업을 하려고 하기 때문에 입찰경쟁으로 땅값이 오르며, 분양가도 같이 오릅니다. 하지만 뭐든지 임계점이란 것이 있습니다. 어느 정도 가격이 오르면 더 이상 팔리지 않고, 분양사업도 할 수 없는 시기가 오는 것입니다.

그렇다면 요즘 분양가가 높아졌다고 그것이 임계점이라고 할 수 있을까요? 그건 알 수 없습니다. 왜냐하면 어느 시기를 막론하고 분양가가 싸다고 생각된 때는 없었습니다. 하다못해 부동산 폭락시기에도 싸다고 생각하는 사람은 많지 않았습니다. 대부분 더 떨어질 것 같으니까 못 사고 다시 오르기 시작하면 언제 또 떨어질지 몰라서 못 사는 것입니다. 그러다 분위기가 바뀌어서 전례 없이 오르기 시작하면 그때서야 '사야 되나 보다'라고 생각을 하는 것이 개미투자자들의 패턴입니다. 부동산 가격이 싸다고 느끼는 건 한참 시간이 지난 뒤에야 일어나는 일인 것이지요.

　이것은 지금 가격이 비싸긴 해도 나중에는 싸게 느껴질 수도 있다는 얘기가 됩니다. 당장 눈앞의 가격만을 기준으로 상가가치를 미리 속단하지 말고 미래가치를 파악하여 투자를 결정할 수 있어야 합니다. 우량주는 가격이 비싸고 수익률도 높지 않지만 안정적으로 꾸준한 발전을 기대할 수 있기 때문에 항상 선호하는 대상입니다. 모든 시장은 안정성이 최우선이므로, 중심상가의 수익률이 당장 낮다고 해서 투자가치가 없는 상가라고 단정할 수는 없습니다.

　물론 투자는 가능한 적은 돈으로 높은 수익을 내는 것이 이상적입니다. 시세보다 낮으면 가격이 조금 올랐을 때 좀 더 높은 수익을 낼 수 있습니다. 이러한 이유로 경매시장에 사람들이 많이 몰립니다. 하지만 수많은 물건에서 숨은 보석을 찾는 것은 쉽지 않으며, 많은 사람들이 중도에 포기합니다. 그래서 필자는 분양시장의 틈새를 찾으라고 합니다. 상가 시행마다 사정이 다 달라 원가가 다르고, 그로 인해 분양가격도 다르기 때문입니다. 그 틈에서 좀 더 좋은 조건을 찾아낼 수 있습니다.

Advice 09

· 상가투자 시 발생하는 중개보수

상가투자를 할 때 최우선으로 살펴야 할 사항은 아니지만 은근히 신경 쓰이는 것이 있습니다. 바로 수수료입니다. 수수료는 기존상가냐 분양상가냐에 따라 차이가 있습니다. 기존상가는 직거래가 아닌 이상 중개시장을 통해 구입해야 하기 때문에 중개보수가 발생합니다. 주택을 제외한 토지 및 상가의 중개보수는 거래가격 0.9% 이내에서 협의사항입니다. 예를 들어 거래가액이 6억 원이고 중개보수가 0.9%라면, '6억 원×0.9%=540만 원'입니다. 반면에 분양상가는 분양회사 측에서 중개사무소에 분양 알선 수수료를 지급하기 때문에 부동산 소개를 받았더라도 따로 들어가는 비용 없이 거래되는 것이 일반적입니다.

그다음은 기존상가나 분양상가를 매입한 후에 임대를 놓을 때 발생하는 중개보수가 있습니다. 두 경우 모두 부동산 중개사무소에서 임대계약을 하게 되면, 역시 거래가액 0.9% 이내 협의사항입니다. 상가는 주택과 달리 임대 혹은 매매의 중개보수 요율이 같습니다.

그런데 이때 임대는 '보증금+월세'의 형태이므로, 이것을 전세로 환산한 다음 요율을 적용해야 합니다. 예를 들어 보증금 5,000만 원, 월세 250만 원, 0.9%로 합의했다면 계산은 다음과 같습니다.

- 월세를 전세로 전환 : 보증금+(월세×100) = 5,000만 원 + (250만 원× 100) = 3억 원

중개보수의 요율 및 한도

1. 주택(부속토지 포함)의 중개보수(경기도 부동산 중개보수 등에 관한 조례 제2조, 별표1)

구분	거래금액	상한요율	한도액	비고
매매·교환	5천만원 미만	1천분의 6	250,000원	※ 부가가치세는 별도임
	5천만원 이상 ~ 2억원 미만	1천분의 5	800,000원	
	2억원 이상 ~ 6억원 미만	1천분의 4	-	
	6억원 이상 ~ 9억원 미만	1천분의 5	-	
	9억원 이상	1천분의 9 이내에서 협의	-	
임대차 등	5천만원 미만	1천분의 5	200,000원	
	5천만원 이상 ~ 1억원 미만	1천분의 4	300,000원	
	1억원 이상 ~ 3억원 미만	1천분의 3	-	
	3억원 이상 ~ 6억원 미만	1천분의 4	-	
	6억원 이상	1천분의 8 이내에서 협의	-	

- 중개보수는 거래가액에 상한요율을 곱한 금액으로 하되, 한도액을 초과하는 경우에는 한도액의 범위 안에서만 받을 수 있다
- 거래금액의 계산 및 적용은 「공인중개사법 시행규칙」 제20조에 따른다

2. 오피스텔의 중개보수(시행규칙 제20조) 전용면적 85㎡이하 일정설비(부엌, 욕실 등)를 갖춘 오피스텔

구분	상한요율	적용시기	비고
매매·교환	1천분의 5	'15년 1월 6일 거래계약 체결분부터	※ 부가가치세는 별도임
임대차 등	1천분의 4		

3. 그 외(토지, 상가)의 중개보수(시행규칙 제20조)
- 중개의뢰인 쌍방으로부터 각각 받되 거래금액의 1천분의 9이내에서 중개의뢰인과 개업공인중개사가 서로 협의하여 결정

구분	보수요율	비고
매매·교환·임대차 등	거래금액의 1천분의 9이내	

경기도 중개보수 요율표

- 중개보수 : 3억 원 × 0.9% = 270만 원

　분양상가는 부동산 중개사무소가 아닌 분양직원이 임대 알선을 할 수도 있습니다. 이때도 소개비 성격의 수수료를 요구하기도 하는데 관례적으로 적당한 소개비를 지불하기도 합니다.

임대료와 보증금은 어떻게 설정해야 하나?

　상가를 최초분양할 때는 분양가와 대출금액, 예상임대료, 실투자금 등에 대한 자료를 제시합니다. 한마디로 월세를 얼마 받을 수 있다를 구체적인 금액으로 표시하는 겁니다. 물론 이것도 필요한 자료입니다. 하지만 주변시세를 통해 파악이 가능한 기존상가가 아닌, 주변에 아무 것도 없는 신도시나 택지지구의 금액들은 어떻게 나온 것일까요? 그것을 그대로 믿어도 되는 것일까요?

임대료를 설정하는 2가지 방법

　예측을 통해 투자를 결정해야 하는 신축상가라면, 이런 생각을 반드시 해봐야 합니다. 사실 신도시나 택지지구 상가들은 분양가에 기대수익률(투자금 대비 세전 연 6% 정도)을 반영해서, 임의로 예상임대료를 설정해놓는 곳이 많습니다. 분양가가 높지 않은 상가라면 예상임대료가 현실적이겠지만, 분양가가 높다면 예상임대료 또한 높게 책정될 겁니다. 막상 건물이 준공되는 시점에 가보면 예상임대료보다 턱없이 낮은 금액에 임대를 놓게 되는 일도 생깁니다.

그러므로 신축현장의 예상임대료는 참고만 해야 합니다. 실제 임대료가 얼마에 형성될지는 주변 부동산 사무소나 인근 분양현장, 또는 비교가 될만한 신도시나 택지지구 임대료시세를 종합해서 판단해야 합니다. 그렇다면 임대료는 어떻게 계산해야 할까요? 다음은 일반적인 상황에서 임대료를 산정하는 방법입니다. 크게 분양가를 기준으로 한 방법과 수익률을 기준으로 한 방법이 있습니다.

① **전세금 기준 임대료 산정**

전세금 기준은 분양가격의 40~60% 정도 수준에서 전세금을 산정한 후 전세금을 보증금, 월세로 환산하여 계산하는 방식입니다. 요즘 같은 저금리 상황에서는 전세금 산정 비율을 낮게 잡아야 시세와 차이가 적습니다. 예를 들어 분양가 6억 원의 상가를 50%의 전세금으로 환산하면 3억 원이 됩니다. 계산 편의상 월 1부의 전환율로 계산한다면 보증금 5,000만 원에 월 250만 원, 혹은 보증금 3,000만 원에 월 270만 원이 예상임대료가 되는 것입니다.

② 수익률 기준 임대료 산정

　수익률 기준은 신축상가분양 현장에서 많이 사용하는 방법입니다. 우선 <u>기준수익률을 결정하고, 분양가격의 5~20% 정도를 보증금으로 책정합니다.</u> 그다음 기준수익률을 이용하여 계산하는 것입니다. 예를 들어 분양가가 8억 원이라면, 보증금은 분양가의 10%인 8,000만 원을 책정합니다. 그리고 세전 연 수익률 6%를 기준수익률로 잡아서 계산하면 됩니다. 계산은 다음과 같습니다.

- 월 임대료 = (분양가 − 보증금)×6%÷12
  → (8억 원 − 8,000만 원)×6%÷12 = 360만 원

　분양가 8억 원일 때 연 6%의 수익률을 기대한다면 보증금 8,000만 원, 월 360만 원에 임대를 놓으면 되는 것입니다.

🏠 보증금은 반드시 필요하다

　임대를 놓다보면 다양한 유형의 임차인들을 만나게 됩니다. 그중에서도 월세를 올려줄 테니 보증금을 최대한 낮춰달라고 요구하는 임차인들이 가끔 있습니다. 요즘 같은 저금리 시대에 월세를 더 낸다면 반가운 일이긴 하지만, 최소한의 보증금 기준을 넘어서는 것은 피해야 합니다. 상습적으로 임대료를 연체하고 임대인을 곤란하게 하는 임차인

들이 간혹 있기 때문입니다.

그래서 보증금은 최소 1~2년분의 월세 정도는 받아 놓는 것이 일반적입니다. 상가는 3기, 즉 3개월분의 임대료를 밀리게 되면 임대인이 계약해지를 요구할 수 있습니다. 그런 상황이 왔을 때는 임차인을 잘 설득해서 내보내는 것이 가장 좋은 방법입니다. 좋은 게 좋은 거라고 임차인이 차일피일 미루는 것을 무작정 봐주다가 결국 보증금이 다 공제되도록 명도를 못하고 임대인이 손해를 보는 경우도 있습니다. 최소 1년분 월세에 해당되는 보증금은 있어야 3기 연체 시 바로 명도소송(약 6개월 예상)을 했을 때, 임대인이 손해를 보지 않고 해결할 수 있는 것입니다.

2기 연체 때부터 3기 연체가 되면 바로 명도할 것임을 내용증명 등을 통해 미리 고지를 하고, 협상이 되지 않으면 바로 명도소송을 해서 해결할 수 있습니다. 또 다른 방법으로는 계약 시 제소 전 화해조서(소송절차를 생략하고 바로 명도를 집행할 수 있게 미리 약정을 한 내용을 공증 받는 것)를 작성하는 것이 있습니다. 문제가 생겼을 때 가장 확실한 방법이긴 하지만 실제로 많이 사용하는 방법은 아닙니다. 사실 명도까지 가는 경우는 많지 않습니다. 다만 내용증명이나 소송 등 원칙적인 대응을 해야 문제가 원활히 해결되기 때문에 그렇습니다. 그러니 이런 상황에 부딪힌다면 반드시 적극적인 대처를 해야 합니다.

세금·자금출처 증명과 임대사업자 등록

상가투자는 투자결정뿐만 아니라 세금, 효율적인 임대관리, 매각 등 단계별로 알아야 하는 내용들이 있습니다. 그중에서 가장 신경 써야 할 것이 세금문제입니다. 이번 장에서는 세금(취득세, 부가가치세)과 자금출처, 임대사업자 등록까지 취득에 관한 부분에 대하여 알아보도록 하겠습니다. 특히 부가가치세나 자금출처 문제는 자칫하면 손해로 이어질 수도 있기 때문에 반드시 체크해야 합니다.

🏛 내가 낼 세금은 무엇인가?

상가의 세금은 취득, 보유, 양도, 이렇게 세 부분으로 나눌 수 있습니다. 상가취득 시 내는 세금은 취득세와 부가가치세가 있습니다.

취득세

취득세는 취득세 4%, 농어촌특별세 0.2%, 지방교육세 0.4%로 4.6%가 기본세율입니다. 여기에 인지세, 채권매입비, 법무사 비용 등이 추가로 있습니다. 금액에 따라 다르지만 취득가격의 약 4.7~5% 정도 비용이 발생합니다.

인지세

인지세 구간은 다음과 같습니다.

- 1,000만 원 초과 3,000만 원 이하 : 2만 원
- 3,000만 원 초과 5,000만 원 이하 : 4만 원
- 5,000만 원 초과 1억 원 이하 : 7만 원
- 1억 원 초과 10억 원 이하 : 15만 원
- 10억 원 초과: 35만 원

부가가치세

부가가치세는 상가의 건물부분에 대해 10%를 부과합니다. 예를 들어 상가분양 가격이 1억이라면 토지가격 6,000만 원, 건물가격 4,000만 원, 이런 식으로 따로 책정되는 겁니다. 이때 건물가격 4,000만 원의 10%인 400만 원이 부가가치세로 부과됩니다. 부가가치세는 매수자(분양계약자)가 부담을 하게 되며, 일반임대사업자로 등록한 뒤에 다시 환급을 받는 것이 일반적입니다. 분양을 받는 경우라면 분양계약 후 20일

도표 18 ▶ 상가매매시 부가세 환급과 포괄양도양수 조견표

매도	매수	부가세 발생	부가세 환급	포괄양도양수
일반과세자	일반과세자	○	○	○
	간이과세자	○	×	×
	비사업자	○	×	×
간이과세자	일반과세자	○	×	○
	간이과세자	○	×	○
	비사업자	○	×	×
비사업자 개인	일반과세자	×	×	×
	간이과세자	×	×	×
	비사업자	×	×	×

이내에 일반임대사업자를 등록하고 환급신청을 해서 계약금, 중도금 등에 대해 환급받을 수 있습니다.

그러나 기존상가를 취득했을 때는 매도인의 임대사업자를 그대로 승계받아 부가가치세 납부를 생략해도 되는 '포괄양도양수'라는 방법을 사용할 수 있습니다. 임대사업 목적의 상가매매 시에는 대부분 이 방법을 사용합니다. 하지만 간혹 임대사업자의 종류가 간이사업자이거나 비과세업자일 때가 있습니다. 이 경우는 부가가치세를 환급받지 못하는 상황이 발생할 수 있으니 주의해야 합니다.

🏠 자금출처와 상가 임대사업자 등록은 어떻게 하나?

소득이 없는 가족이 큰 금액의 상가(부동산)를 취득하거나 갑자기 채무변제를 하게 되면 세무서에서 자금출처 소명을 요구하게 됩니다. 이때 제대로 소명하지 못하면 조사를 통해 증여세와 가산세를 부과할 수도 있습니다. 만약에 별 생각 없이 자녀명의로 상가를 취득했다면 큰 낭패를 볼 수도 있는 것이지요. 또 1, 2년 동안 별일 없다가 몇 년이 지난 후에 증여로 추정되니 소명하라는 경우도 있기 때문에 자료를 꼭 보관해놓아야 하며, 약 5년간은 조사가 이루어질 수 있음을 염두해야 합니다.

예를 들어 자녀명의로 상가를 취득하고 2~3년 동안 문제가 없어 많

도표 19 ▶ 자금출처 증여추정 배제기준

구분		취득재산		채무상환	총액한도
		주택	기타재산		
세대주인 경우	30세 이상인 자	2억 원	5,000만 원	5,000만 원	2억 5,000만 원
	40세 이상인 자	4억 원	1억 원		5억 원
세대주가 아닌 경우	30세 이상인 자	1억 원	5,000만 원	5,000만 원	1억 5,000만 원
	40세 이상인 자	2억 원	1억 원		3억 원
30세 미만인 자		5,000만 원	3,000만 원	3,000만 원	8,000만 원

• 연령, 세대주, 직업, 재산 상태, 사회경제적 지위 등을 고려하여 재산취득일 전 또는 채무상환일 전 10년 이내에 해당 재산취득자금 또는 해당 채무상환자금의 합계액이 3,000만 원 이상이고 기준금액 미만인 경우에는 증여추정 규정을 적용하지 아니한다.

도표 20 ▶ 일반과세자와 간이과세자의 구분

구분	일반과세자	간이과세자
연 수익	4,800만 원 이상	4,800만 원 미만
세금계산서	발행가능	발행불가
부가가치세 환급	가능	불가능
과세기간	1기 : 1. 1 ~ 6. 30 2기 : 7. 1 ~ 12. 31	1. 1 ~ 12. 31
부가가치세 신고기간	연 2회, 1기 : 7. 25까지, 2기 : 이듬해 1. 25까지	연 1회, 이듬해 1. 25까지

이 받아놓았던 대출금을 갚아버리게 되면 자금출처 조사대상이 되어 소명요구를 받을 수도 있는 것입니다. 소명기준은 10억 원 미만일 경우 80%만 소명하면 되고, 10억 원 이상일 때는 전체 금액 중 2억 원을 제외한 나머지 금액에 대해 소명해야 합니다. 자금출처에 대해 명확히 입증하지 못하면, 부모나 다른 사람에게 증여를 받은 것으로 판단하고 증여세는 물론 무신고 가산세(20~40%)까지 납부해야 하니 주의해야 합니다.

상가분양을 받으면 계약금을 납부하고 중도금, 잔금까지 분할하여 분양대금을 지불합니다. 이때 앞에서 잠깐 언급했던 부가가치세도 같이 납부하게 됩니다. 이 부가가치세는 임대사업자 등록을 한 후에 순차적으로 환급받을 수 있습니다. 분양계약 후 20일 이내 임대사업자를 신청하고 부가가치세 환급신청을 하면 됩니다. 환급은 일반과세자만 가능하며 간이과세자는 환급받을 수 없으니, 사업자를 신청할 때 주의해야 합니다.

〈도표 20〉은 일반과세자와 간이과세자의 차이점입니다. 연소득이 4,800만 원이 넘거나 세금계산서 발행, 부가가치세 환급이 필요하다면 일반과세자로 신청해야 하며, 연소득이 4,800만 원 미만인 경우는 간이과세자로 신청이 가능합니다. 또 간이과세자의 연소득이 2,400만 원이 넘지 않을 때는 부가가치세 신고만 하면 납부가 면제됩니다. 따라서 상가의 연 임대료가 2,400만 원 미만일 때는 간이과세자가 유리할 수도 있습니다. 임대사업자 등록 시 필요한 서류는 주민등록등본 1부, 통장 사본, 도장, 분양계약서 사본 1부, 신분증이며 세무서에서 간단하게 발급할 수 있습니다.

4단계 요점정리

Step 01 투자 전 중요 사항 확인하기
→ 주변상권 및 환경, 주변시세, 임차인 상태, 건물 하자 여부 등

Step 02 신규분양상가, 도면과 현장의 차이를 직접 확인하기

Step 03 계약서의 각종 사항 하나씩 따져보기
→ 등기사항전부증명서, 건축물대장, 토지이용계획확인원, 임대차계약서, 대출가능금액 등

Step 04 임대인의 권리금 사항 체크하기

Step 05 상가가격과 임대료의 관계, 중개보수 계산법
· 중개보수(상가가격의 0.9% 이내) = [보증금 + (월세×100)]×0.9%

Step 06 임대료와 보증금 설정 방법
· 임대료 : ① 전세금 기준(분양가격의 49~60% 정도), ② 수익률 기준(분양가−보증금)×6%÷12
· 보증금 설정 : 1~2년분의 월세

Step 07 세금과 자금출처 증명에 대비하기

Chapter
5

> 안정적인
> 임대수익 구조를
> 어떻게 만들 것인가?

어떤 임차인을 들일 것인가?

 자, 이제 내 상가를 마련했습니다. 이 상가에 어떤 임차인을 들여야 할까요? 상가에 입점하는 임차인에 따라 건물가치가 오를 수도, 내릴 수도 있습니다. 그만큼 어떤 임차인이 내 상가에 입점하느냐는 중요합니다. 실제로 장사가 잘되는 상가를 보면 대박이 났다고 부러워하며 기운이 좋다고도 하고, 자리가 좋다고도 합니다. 자리가 좋다는 것은 그만큼 상가의 가치가 높다는 것입니다. 하지만 장사가 전혀 될 것 같지 않은 자리에서도 대박이 나는 경우가 있으며, 반대로 괜찮은 자리에서도 장사가 되지 않아 폐업하는 일도 있습니다. 상가 위치도 중요하지만, 영업을 할 임차인의 역할도 중요하다는 것이지요.

🏠 누구나 대박 임차인을 꿈꾼다

　장사를 잘하는 임차인이 입주해서 내 상가가 번성하면 당연히 상가의 가치도 오르겠지요? 장사가 잘되는 상가라면 웃돈을 주고라도 사고 싶을 것입니다. 내가 직접 장사를 하지 않더라도 내 상가가 사람들이 줄을 서서 기다리는 명소가 된다면 얼마나 좋을까요? 하지만 그런 상가 임차인을 입주시키기는 어려운 일입니다. 경험 많은 상가투자자들도 쉽지 않은 일입니다. 보다 현실적인 방법을 찾는 것이 중요합니다. 마냥 분양사무실이나 중개업소의 소개를 기다릴 게 아니라 좀 더 좋은 다른 방법을 찾아봐야 합니다.

　필자도 신규상가에 임차인 입점이 되지 않아 전전긍긍했던 적이 있습니다. 그때 느꼈던 것이 너무 완벽한 임차인을 찾으면 안 된다는 것입니다. 주변상황이나 분위기, 타이밍에 맞게 적절한 임차인을 적극적으로 유치할 필요가 있습니다. 예를 들어 향후 기대되는 중심상가라도 입주초기이거나 주변상권이 완전히 갖추어지지 않은 상태라면 부동산 사무실이 가장 좋은 임차인이 될 수 있습니다. 시기에 맞는 임차인을 찾아서 공실 없이 내 상가를 유지해야 합니다. 신축상가라면 투자하기 전 분양시점부터 주변환경에 어울릴만한 업종을 미리 예측해보고, 주변 입주가 상가보다 빨리 이루어져 건물이 완공되기 전에 임대를 놓을 수 있는 자리인지도 확인해봐야 합니다.

　<u>상가투자는 좋은 상가를 샀다고 끝나지 않습니다. 투자를 하고 난 후도 중요합니다.</u> 신축상가 임대인이 되면 가장 먼저 해야 할 일이 적당

<u>한 임차인을 찾는 것입니다.</u> 실질적으로 임대인이 할 수 있는 일은 많지 않습니다. 주변 부동산 사무소에 임대를 내놓거나 분양이 완료되기 전까지는 상주하는 분양직원들에게 부탁하는 방법이 전부입니다. 상황이 안 좋거나 상가의 위치가 B급 이하이거나 주변 개발 상황보다 빠른 입주의 나 홀로 상가라면 임차인을 만나기조차 힘들 수 있습니다. 만약 괜찮은 입지에 분양을 받았다면 업종이 좋은지, 영업마인드는 괜찮은 사람인지 대화를 나눠보고 임대를 주는 것이 좋습니다. 간혹 불량 임차인들이 앞뒤 없이 계약부터 진행하자고 덤비는 경우가 있기 때문입니다.

필자도 보유한 상가를 임대 놓기 위해 다양한 임차인을 만나봤습니다. 그때의 경험으로 보면 지나치게 자신 있는 모습을 보이고 허풍이 심한 임차인이나 보증금을 최소한으로 낮추려고 하는 임차인, 업종이 명확하지 않은 임차인 등 뭔가 석연찮은 느낌이 들면 그중에는 꼭 문제를 일으키는 임차인이 있었습니다. 이런 임차인들은 초기 한두 번 정도 월세를 잘 내다가 한 달, 두 달씩 습관적으로 밀리는 유형부터 아예 임대료 줄 생각도 하지 않고 배짱으로 버티며 속을 썩이는 유형까지 다양합니다. 잘못하면 손해는 물론이고 엄청난 스트레스도 받을 수 있으니 신경 써야 합니다.

그렇다면 임대료를 안정적으로 받을 수 있는 임차인은 어떤 업종의 임차인일까요? 대기업 직영점이라면 안정적으로 임대료를 잘 내는 괜찮은 임차인이 될까요? 맞습니다. 대기업 임차인들은 매달 거의 시간까지 맞춰서 칼 같이 임대료를 입금하는 초우량 임차인입니다. 하지만 대기업 임차인도 단점이 있습니다. 일단 입점이 확정되면 더할 나위 없이 좋겠지만 입점까지 의사결정 단계가 많아 시간이 최소 2~3개월은 걸리는 것이 문제입니다. 상가가 준공 전이라면 상관없지만 준공 이후에 시간만 끌다가 결국 계약이 안 되는 경우도 있으므로 판단을 잘 해야 합니다. 잔금납부를 다하고 이자에 관리비까지 발생하는 상황에 임대지연이 된다면 손해가 발생하기 때문입니다. 모두가 대기업 임차인을 들일 수 없으니 꼭 대기업이 아니라도 안정적인 업종이나 마인드가 좋은 임차인을 들이는 데 집중하는 것이 좋습니다. 우량 임차인은 대략 다음과 같은 유형입니다.

첫 번째 조건_유명 프랜차이즈

유명 프랜차이즈 업종으로는 베이커리, 휴대폰 대리점, 유명 분식집, 커피 전문점, 유명 식당, 도넛, 아이스크림, 브랜드 의류 등 이름만

유명 프랜차이즈 업종의 상가

대면 알만한 매출 상위 브랜드에 해당하는 업종을 말합니다. 이러한 프랜차이즈 업종은 초기 투자비용은 높은 편이지만, 브랜드 파워와 검증된 운영 시스템으로 안정적인 매출이 가능하다는 장점이 있습니다. 그래서 많은 임대인들이 선호하지요. 거기다 세련된 인테리어도 상가가치 상승에 긍정적 요인입니다. 또 프랜차이즈 업종은 자체 점포개발팀이 있어 본인들이 요구하는 수준의 좋은 위치를 선호합니다. 그래서 유명 프랜차이즈가 입점한 상가는 다른 업종들의 입지선택 기준이 되는 경우가 많습니다.

두 번째 조건_많은 경험과 특별한 아이템

내 상가에 입주할 예비 임차인들과 미팅을 하다 보면 오랜 장사 경험과 확실한 아이템, 그리고 자기만의 노하우를 갖춘 임차인들을 만나게 됩니다. 이런 임차인들은 기준이 명확해서 프랜차이즈 점포개발 담당자들보다 더 까다롭기도 합니다. 이미 인근 지역에서 성공적으로 매장을 운영하고 있어 추가로 출점을 한다거나, 가족 또는 지인들에게 같은 아이템으로 분점을 내주는 경우도 많습니다.

애매한 프랜차이즈 업종보다 강력한 노점아이템이 나은 일도 있습니다. 예전에 멀쩡한 신축상가에서 전면에 노점처럼 매대를 깔고 떡볶이, 도넛, 오뎅, 사라다빵 등을 팔겠다는 길거리 분식 사장님이 있었습니다. 당시에는 신축상가에 기름 냄새나고 지저분할 것 같다고 거절했는데, 건너편 오피스텔 1층상가에 임차인으로 들어가서 소위 대박을 내는 것을 본 적이 있습니다. 해당 길거리 분식이 입점한 상가는 임대료도 비싸고 상가면적도 작아 다른 업종이 한 번 입점했다가 손해보고 내놓은 곳이었습니다. 그런데 그 건물 1층에서 매출 1, 2등을 다투는 대박 상가가 되어 임대인까지 살린 사례입니다.

물론 깔끔하고 장사도 잘하는 업종이 내 상가에 들어오는 것이 더 좋긴 합니다. 하지만 분식집 같은 업종이라도 문전성시를 이루는 대박집이라면 상가를 팔 때 적어도 5,000만원에서 1억 원은 더 받을 수 있는 있습니다. 그럴듯한 겉모습이 다가 아닙니다. 입주를 희망하는 임차인의 업종이 확실한 매출을 기대할 수 있다면, 그런 임차인에게 임대를 놓아야 합니다.

세 번째 조건_꼼꼼하고 깐깐한 장사 마인드

꼼꼼하고 깐깐한 장사 마인드를 갖춘 임차인을 만나는 것이 상가의 가치를 높이는 일입니다. 임차인을 찾다보면 검증된 프랜차이즈 업종이나 경험자가 아닌데도, 장사 한 번 해보겠다고 찾아오는 경우가 많습니다. 퇴직자, 창업자가 많아진 현실 때문입니다. 하지만 험난한 창업 시장에 무작정 희망적인 생각만으로 뛰어들었다가 쓴 맛을 본 사람들이 한 둘이 아닙니다. 적어도 창업교육이나 유사한 업종에서 경험을 단 몇 개월이라도 쌓는 정도의 준비와 노력이 있어야 성공가능성이 높아질 텐데, 창업시장을 너무 쉽게 생각해서 그렇습니다.

반면에 경험은 없어도 꼼꼼하면서 장사 마인드가 갖춰진 임차인들도 있습니다. 7년 전쯤 모 지역에 죽집 프랜차이즈로 창업을 한 당시 30대 후반의 김 사장이란 분을 만난 적이 있습니다. 김 사장이 창업한 상가는 전용면적 10평에 내부에 기둥이 있어 테이블을 4개 밖에 놓지 못하는 작은 상가였습니다. 유동인구가 꽤 있는 상가였지만 죽집의 특성상 작은 매장은 한계가 있어 본사의 낙관적인 예상과 달리 초기매출이 좋지 않았습니다. 달리 방법이 없는 상황에서 김 사장은 매장에 알바를 두고 직접 전단지를 붙이며 배달을 시작합니다. 당시 인근에는 배달까지 하는 죽집이 없어 상당히 먼 거리까지 배달이 들어왔습니다. 심지어 매장매출보다 배달매출이 더 커질 정도가 되었지요. 걱정만 하지 않고 빠르게 방법을 찾아 대처한 김 사장의 마인드가 승리한 사례입니다.

Step 02.

상가임대도 전략이 있다

안정적인 임대료, 활성화된 상권과 상가, 시세보다 저렴한 금액, 발전성 등이 상가투자를 할 때 찾아야 할 포인트입니다. 이 부분을 다 충족하는 완벽한 물건은 찾기 힘들겠지만, 이에 근접할수록 원하는 목표를 이룰 수 있을 겁니다. 하지만 '내 상가'가 생겼다고 바로 수익이 굴러 들어오지 않습니다. 필자가 최근 상담을 하거나 현장투어를 하다보면 투자자들이 가장 염려하는 대목이 있습니다. 바로 '임대가 잘 나갈 것인가' 또는 '임차인이 임대료를 밀리지 않을 것인가' '공실이 나면 어떻게 할 것인가' 등입니다. 이번 장에서는 상가투자를 할 때 어떻게 하면 임대 리스크를 줄이고 보다 효율적으로 운용할 수 있을지 알아보도록 하겠습니다. 이때도 기존상가와 신규상가는 차이가 있습니다.

🏠 기존상가_공실을 최소화해라

　기존에 형성된 상권의 상가는 파악이 어렵지 않기 때문에 주변의 임대시세 정도만 파악하면 큰 문제가 없습니다. 또한 대부분의 기존상가는 임대가 맞추어진 상태에서 투자가 이루어집니다. 하지만 임차인이 갑자기 이전을 하거나 영업부진으로 폐업을 하게 되어서 상가가 공실이 되기도 합니다. 임차인이 나갔을 때 다른 임차인으로 대체하기에 어떤 업종이 좋을지 미리 대비해둬야 합니다. '내 상가'가 어지간한 상권의 1층상가라면 큰 걱정을 하지 않아도 됩니다. 하지만 상부층이라면 좋은 상권이라고 해도 몇 개월 씩 공실이 되는 일이 많습니다.

　필자도 비슷한 경험이 있습니다. 역세권 보행자 도로 코너상가 4층에 영업이 잘되던 한의원이 있었습니다. 처음에는 30평 정도의 아담한 공간에서 운영하다, 손님이 늘자 같은 건물의 70평 호실로 이전하게 됩니다. 하지만 아직 계약기간이 남은 상태라 이전 후에도 임차인이 30평 상가의 임대료도 부담해야 하는 상황이었습니다. 잔여기간이 8개월 정도 남아 있었지만, 상가임대가 잘 이루어지지 않아 250만 원이나 되는 월세를 내야 했습니다.

　그런데 알고 보니 임대가 나가지 않는 이유가 있었습니다. 원래 한의원 용도에 맞게 인테리어를 해놓은 상태라 상가를 비워줄 때는 원상복구를 해야 하는데, 신규 임차인이 들어오면 어차피 새로 시설을 할 예정이라 철거만 해놓고 누가 봐도 흉물스러운 상태로 놔둔 것이 문제였습니다. 그래서 비용을 들여 깨끗하게 칠하고 수리해서 말끔한 호실을 만들어놓았더니 일주일 만에 임대가 해결되었습니다.

권리금이 생기지 않는 상층부는 주택처럼 임차인이 기한이 되서 나가겠다고 통보를 하면 부지런히 새 임차인을 물색해 공실이 생기지 않도록 해야 합니다. 임차인이 기한 전에 나가면 스스로 새 임차인을 대체하고 나가려고 하겠지만, 혹시라도 공실이 생기는 상황을 대비해야 합니다. 앞의 사례처럼 임대가 잘 나갈 수 있도록 수리도 하고 청소도 깨끗이 하는 것이 좋으며, 필요에 따라서는 냉난방기 같은 설비를 지원해주는 것도 하나의 방법입니다.

🏛 신축분양상가_주변상황을 고려하라

신도시 신축분양상가에 투자할 때는 초기 임대 문제를 어떻게 해결할 것인가가 상당히 중요합니다. 아직 제대로 기반이 갖춰지지 않은 곳에서 혹시 나 홀로 준공이 되버리면 그 이후 한동안 잔금까지 다 치르고 수익 없이 이자만 내는 상황이 될 수 있기 때문이지요. 신도시는 몇 가지 특성이 있습니다. 아파트 입주가 먼저 이루어지고 비슷한 시기에 근린상가들이 들어섭니다. 입주민의 편의를 위한 시차입니다. 반면에 중심상가는 다 들어서는데 시간이 걸리며, 상권형성이 오래 걸립니다.

이런 특성은 투자 후 초기에 어떻게 임대전략을 세울 것이냐의 단서가 됩니다. 내가 투자한 상가가 아파트 배후지를 두텁게 가진 근린상가라면, 초기에 들어오는 임차인들에게는 좋은 타이밍이므로 앞다퉈 임대가 이루어질 것입니다. 실제로 특별히 임대료를 높게 부르지 않는 이상 웬만하면 임대가 맞춰집니다. 이때는 임차인들이 들어와서 안정적으로 장사를 할 수 있을 만한 업종인지 잘 체크해보고 입점을 시킬 수 있습니다.

반면에 중심상업용지 상가나 상권이 좋아질 때까지 시간이 많이 필요한 곳에 투자한 경우가 있습니다. 상권형성이 되려면 한참 동안 기다려야 하는데 벌써 건물 먼저 다 지어져 덩그러니 있다면 어떻게 임대를 놓아야 할까요? 어떤 업종이 들어오려고 할까요? 이 부분은 특별히 조심해야 합니다. 문제는 상권마다 또 상권 내에서도 자리마다 차이가 있기 때문에 단정할 수 없습니다. 각 상가마다 초기에 이런 상황을 예측하고 임대를 어떻게 놓을 것인지 준비해야 합니다.

예를 들어 신도시 초기에 입점하는 업종이 몇 가지 있는데 가장 대표적인 것이 부동산 사무실입니다. 부동산의 입점형태를 보면 도시 형성 초기에 적정수요보다 항상 많이 입점하기 때문에 초기에 타이밍만 맞으면 임대를 주는 것이 좋습니다. 계약기간 만료 후에는 연장을 하거나 약간의 권리금이 오가고 다른 업종으로 알아서 교체를 하도록 하는 방법이 가장 무난합니다. 물론 투자자 유형에 따라 임대전략도 다릅니다. 초기부터 원하는 업종을 유치하기 위해 몇 개월의 공실도 예상하고 접근하는 사람도 있고, 공실 없이 이어가는 것을 선호하는 사람도 있습니다. 이 부분은 본인의 스타일에 맞게 판단하면 됩니다.

앞에서도 계속 강조해왔지만 <u>신축분양상가에 투자를 할 때는 '몇 년 정도면 상권이 활성화되어 상가가치가 어느 정도는 되겠다'라고 예측</u>

하는 것이 필요합니다. 어느 타이밍에 매도를 해야 하는지, 또 그 전까지는 어떻게 효율적으로 임대를 놓을 수 있을지에 대비해야 합니다. 특히 규모가 큰 신도시의 상가 현장은 허허벌판에 온통 공사판입니다. 그곳에 1~2년 뒤에 아파트와 기반시설이 생기는 것을 예상해 상가투자를 하는 겁니다.

자칫하면 나 홀로 입주를 해 수익도 없이 빈 상가만 붙잡고 있는 상황이 발생할 수 있습니다. 시차가 맞지 않은 것이지요. 이럴 때는 아직 주변에 남아 있는 공사장 인부나 분양직원들을 대상으로 한 업종에 임대를 놓는 것도 한 방법입니다. 공사 중인 현장에서 가장 필요한 함바식당, 슈퍼, 분양홍보관, 부동산 같은 업종들이 그렇습니다. 당장은 저렴한 조건이라도 일단 임대를 주면 당장 수익률은 나오지 않더라도 이자 걱정 없이 기다릴 수 있기 때문입니다.

Advice 10

· 신축상가의 공사기간

　신축상가는 규모와 공사방법 등에 따라 공사기간이 천차만별입니다. 주차장 용지에 지하층 없이 공사하여 3개월 만에 완공을 하는 상가부터 암반으로 지하공사가 늦어져 2년 이상 걸리는 상가까지 다양합니다. 일반적으로 볼 수 있는 대지 300~400평 정도에 7~10층 규모로 건축하는 근린상가라면 평균 1년 정도의 공사기간이 소요됩니다. 이보다 큰 규모의 상가나 오피스텔, 주상복합 등은 1년 반에서 2년까지 걸리기

건축개요

- 건 축 위 치 : 위례신도시 근린상업용지
- 지 역 지 구 : 근린상업지역
- 공 사 종 류 : 신축
- 건 축 규 모 : 지하4층~지상12층
- 건 축 용 도 : 판매시설, 업무시설
- 대 지 면 적 : 3,875.00㎡
- 건 축 면 적 : 2,303.90㎡
- 연　면　적 : 36,127.51㎡
- 주 차 대 수 : 292대
- 건축물높이 : 53.1m
- 조　　　경 : 586.78㎡
- 공 개 공 지 : 391.73㎡
- 주 요 구 조 : 철골철근콘크리트구조
- 지 붕 형 태 : 철근콘크리트슬라브
- 승　강　기 : 승용승강기 4대(장애인용) / 비상용승강기 2대

위례신도시의 건축개요

도 합니다. 대부분의 상가들은 홍보자료의 건축개요라는 항목에 해당 상가의 대지면적, 건축면적, 주차대수 등 관련 정보를 제공합니다.

또한 공사시점에 분양계약을 시작하여 완공까지 분양대금 스케줄을 만들기 때문에 공사기간이 곧 투자금을 납부하는 기간이기도 합니다. 시행사의 상황에 따라서 계약금만 납부하면 중도금 전액 무이자로 잔금 때까지 납부부담이 없는 상가도 있고, 계약금에 중도금까지 초기 부담이 높은 상가도 있습니다. 이것은 시행사의 자금력과도 연관이 있는 부분입니다. 그러므로 계약금, 중도금을 무리하게 요구하거나 할인을 명목으로 일시불을 제안하는 회사라면 일단 의심해봐야 합니다. 안전한 투자와 만약의 상황에 대비하기 위해서라도 시공사의 상황도 잘 체크해야 합니다.

업종별 임차인들은 어떤 장단점이 있나?

상가투자를 할 때 특정 업종의 임차인에게만 임대를 놓을 수는 없습니다. 특히 상가 초기의 임차인일 경우 업종들의 특징을 잘 알아둬야 합니다. 자신의 투자상황과 상가 주변상황에 잘 맞추어 업종을 들여야 합니다. 이번 장에서는 각 업종별 특징을 알아보겠습니다.

🏠 어떤 업종이 유리한가?

〈도표 21〉의 업종구성은 상가를 분양하는 대행사에서 임차인을 입점시킬 때의 기준입니다. 이러한 것을 보통 엠디MD, merchandiser 구성이라고 합니다. 상가에 입점할 업종을 적절하게 구성·배치하는 것입니다. 단순하게 업종을 배치하는 것이 아니라 상권과 입지의 특성 및

도표 21 ▶ 일반 신축상가(근린생활시설)의 MD 구성

층별	업종
1층	편의점, 부동산, 휴대폰, 화장품, 반찬, 미용실, 안경점, 김밥집, 떡볶이, 우동, 치킨, 피자, 아이스크림, 도넛, 커피숍, 빵집, 디저트, 돈가스, ATM, 약국, 옷가게, 보석, 정육·축산 등
2층	은행, 중형식당(한식, 중식, 일식), 커피전문점, 프랜차이즈 카페, 호프, 중대형 미용실, 노래방 등
3~4층	한의원, 치과, 내과, 이비인후과, 정형외과, 가정의학과, 성형외과, 신경정신과, 비뇨기과, 소아청소년과, 여성의학과, 피부과, 층 약국 등
5~6층	어학원, 입시학원, 보습학원, 태권도학원, 미술학원, 음악학원 등
7층	키즈카페, 직업학원, 피부숍, 마사지숍, 사무실, 교회, 피트니스, 보험회사 등

건물의 레이아웃에 따라 수립하는 것이라 상가 활성화에 중요한 역할을 합니다. 주로 백화점이나 대형 쇼핑몰에서 많이 하는데, 최근에는 근린상가에도 적용하고 있습니다.

건물이 준공이 가까워지면 도표와 같은 업종들을 입점시키려 합니다. 이때 입점할 수 있는 업종들과 그 업종들의 특징에 대해 알면 임대를 놓는데 도움이 될 것입니다.

• **편의점** : 편의점은 6층 이상 큰 건물은 구내(거리제한을 받지 않음)로 담배권이 나오기 때문에 내부 문이 따로 있는 출입구 상가를 아예 편의점으로 지정해놓는 일이 많습니다. 하지만 5층 이하의 상가들은 거리

제한(50m)이 있어 먼저 담배권을 차지하기 위해 초기에 미리 선점해놓 거나 편의점 회사와 계약을 해놓기도 합니다.

• **부동산 사무소** : 부동산 사무소도 좋은 임차업종입니다. 상권이 생기기 전부터 입점해서 형성될 때까지 있기 때문에 초기에 전략적으로 입점을 시키는 것도 좋은 방법입니다.

• **은행ATM** : 은행ATM은 신도시의 경우 거점별로 출점이 이루어지기 때문에 사전에 선임대되는 일이 빈번합니다. 이때는 대부분 1층 한 칸과 2층 40~100평까지 같이 임대를 받습니다. 이 업종은 보증금 비율을 높이고 월세를 최대한 낮추려는 특징이 있습니다. 예를 들어 1억 원에 400만 원인 임대료를 3억 5,000만 원에 250만 원을 주는 식입니다. 이는 융자를 받지 않아도 되는 좋은 투자가 될 수도 있지만 간혹 급작스러운 상황이 발생하기도 합니다. 요즘 온라인거래의 성장으로 은행들이 오프라인 지점을 줄여가는 분위기이기 때문입니다. 은행의 갑작스러운 폐점 결정은 높은 보증금을 안고 있는 상가 주인에게는 큰 부담이 될 수 있습니다.

• **약국** : 약국은 거의 1층에 지정호실을 만들어 높은 분양가로 파는 것이 관례입니다. 게다가 3~4층 병원 층 상가까지 끼워 팔기로 분양하는 일도 많아 가격이 무겁습니다. 약국은 상부 병원(내과, 이비인후과, 소아과, 가정의학과 같은 처방전이 잘나오는 과를 선호)이 입점할 경우 상당한 프리미엄이 붙어 거래되므로 초보자가 투자하기 쉽지 않습니다. 대부분 시행사 관계자 또는 약사, 병원 관계자 등이 실 입점 또는 권리금 장사를 목적으로 거래하는 경우가 대부분입니다.

- **안경점** : 안경점은 인기 있는 업종입니다. 높은 임대료를 주더라도 코너상가처럼 좋은 자리를 찾으며, 늦게까지 영업을 하고 폐점하는 경우도 많지 않기 때문입니다.

- **분식집** : 분식집처럼 식사가 가능한 업종은 인근에 공사장이 있는 초기부터 입점해서 대박을 내는 일이 종종 있습니다. 괜찮은 임차인이 운영하는 가게라면 초기부터 꾸준한 업종이 될 수 있습니다.

- **태권도학원** : 태권도학원은 가장 먼저 입주하는 업종 중 하나입니다. 이것은 초기에 원생을 빨리 선점해야 하고, 원생 수가 곧 권리금이 되는 태권도학원의 특성 때문입니다. 상부층에 투자할 경우, 주변에 초등학교가 있고 경쟁이 많지 않다면 태권도학원을 우선 입점시키는 것도 좋은 선택입니다.

- **교회** : 교회는 초기에 임차인으로 가장 선호하지 않는 업종입니다. 임차인 개인의 종교적인 이유보다는 선입견이 커서 그렇습니다. 상부층 한 층을 모두 임대할 때나 몇 칸을 넓게 임대할 때 협상이 가능합니다. 같은 이유로 상부층 한 칸씩만 사용해야 하는 작은 개척교회 등은 분양 후반부에 들어가게 되는 일이 많습니다.

상가유형별로 주로 어떤 업종이 들어서나?

모든 상가는 저마다의 입지특성이 있기 때문에 상가마다 어울리는 업종이 어느 정도는 정해져 있습니다. 그래서 상가를 볼 때 해당 상가의 유형에 맞는 주요업종이 어떤 것이 있는지 알아둬야 합니다. 또 투자에 앞서 주요업종이 입점되었는지 혹은 입점될 만한 상가인지 살펴봐야 합니다.

🏠 상가도 어울리는 업종이 있다

① **아파트단지 상가** : 아파트단지 내 상가는 작은 슈퍼나 편의점, 부동산 사무소, 미용실, 세탁소, 소규모의 학원 등이 주요업종입니다. 상가규모에 따라 베이커리, 정육점, 반찬가게, 떡집, 인테리어 가게 등이

편의점 등 일부 업종을 제외하고는 전부 부동산이 입점해 있는 아파트단지 상가이다.

입점을 하기도 합니다. 입주 초기에는 수요가 많기 때문에 높은 임대료를 내고 부동산 사무실이 공실 없이 채워져 있습니다. 하지만 입주가 끝나고 임대기간이 만료되면 주요업종과 일부 부동산만 남고 철수하게 됩니다. 초기에는 높은 수익률이 나오더라도 거품이 있는 경우가 많으므로, 주요상가가 입점할 자리가 아니고 향후 어떤 업종을 입주시켜야 할지 모르겠다면 투자하지 않는 것이 좋습니다.

② **근린상가** : 근린상가는 아파트단지 앞이나 주택가에 위치한 상가입니다. 주거지와 붙어 있는 상가이므로 전반적인 생활편의 업종이 입점합니다. 코너상가를 주로 선점하는 휴대폰 대리점부터, 편의점, 안경점, 분식집, 커피전문점, 패스트푸드, 은행ATM, 부동산, 옷가게, 아이

아파트단지 앞의 전형적인 근린상가이다.

스크림, 빵집, 약국 등의 1층 업종과 식당, 병원, 학원 등의 상층부 업종이 주요업종입니다. 근린상가는 몇 개의 건물이 나란히 생기는 경우가 많은데, 주변상가 업종 중 겹치는 업종이 많지 않은지, 배후세대 수에 비해 상가가 너무 많지 않은지 살펴봐야 합니다.

③ **중심상업지 상가** : 중심상업지 상가는 도심의 중심부에 위치하기 때문에 오피스 상권과 유흥상권이 같이 형성되어 있는 곳이 많습니다. 오피스 상권은 외식업종이 압도적으로 많은 비중을 차지하고 있습니다. 특히 업무지구 밀집지역은 음식업의 비율이 상당히 높습니다. 예를 들어 판교 테크노밸리 상가는 음식점 매출이 전체의 51.98%에 이를 정도로 수요가 많습니다. 커피전문점도 필수업종이라고 할 수 있습니다. 다만 오피스 상권은 주말매출이 적으니 주의해야 합니다. 오피스 상권

의 상가는 다양한 종류의 음식점, 커피전문점, 편의점, 사무용품점 등의 주요업종이 있지만 해당 상권의 특성에 맞는 업종을 유치하기 좋은 상가를 찾는 것이 관건입니다. 유흥상가는 150㎡ 이상의 단란주점이나 유흥주점, 무도장, 무도학원, 숙박시설, 안마시설 등의 업종이 가능한 지역을 말하는 것이며, 대부분 상업지역 내에서만 허가가 나는 업종이라 희소성이 있습니다. 또한 유흥상가라고 위락, 숙박업종만 있는 것이 아니라 일반음식점, 소매점, 병원, 서비스, 일반 근린생활 업종까지 거의 모든 업종으로 구성되어 있습니다. 상권 집객력이 좋아 상가가격이 비싸도 인기가 높습니다.

④ **지식산업센터 상가** : 지식산업센터 상가는 문구점, 편의점, 부동산 사무소, 식당, 분식집, 커피숍 등이 반드시 필요합니다. 물론 가산 디지

중심상업지역의 유흥상가는 모텔, 유흥주점 등의 영업이 가능하다.

털단지나 판교 테크노밸리, 송파 문정지구 같은 큰 규모의 지식산업센터들은 오피스 상가들처럼 많은 업종들이 들어서기도 합니다. 하지만 산업단지나 소규모 지식산업센터들의 주요업종은 거의 정해져 있으므로, 아파트단지 상가처럼 주요업종이 임차 가능한 상가에 선별적으로 투자해야 합니다.

⑤ **대학가 상권** : 홍대, 건대, 한양대 등 잘 형성된 대학가 상권은 웬만한 중심상업지 상권보다 더 큰 집객력과 소비력을 보입니다. 거의 대부분의 업종이 분포되어 있으며, 주 고객층의 연령대가 낮다는 것이 차이점입니다. 10대에서 20대가 많아 단위는 적지만 가장 소비층이 탄탄한 것도 특징입니다. 따라서 주 고객층에 맞는 패션, 액세서리 같은 소매업종부터 분식집, 커피숍, 호프, 주점 등의 기본 업종과 최신 트렌드

부동산, 커피숍, 편의점, 분식집 위주로 입점되어 있는 문정지구 지식산업센터 1층 상가이다. 식당은 주로 지하에 입점되어 있다.

에 어울리는 업종들을 주 업종으로 판단하면 됩니다. 홍대처럼 규모가 큰 대학가 상권은 계절과 무관하게 번성하지만 작은 상권들은 주말, 방학 시즌 등에 매출이 낮아집니다. 그러므로 주변 배후지와 잘 연결되어 있는지도 살펴야 합니다.

이 밖에도 쇼핑몰과 같은 테마상가나 학원가 상가 등 각각의 위치마다 필요로 하는 업종들이 있습니다. 가능한 주요업종을 임차인으로 유치한다면 임대사업이 원활해질 것입니다. 하지만 이미 주요업종이 다 들어섰다면 투자에 신중해야 합니다. 공실이 되거나 영업이 부실해질 수 있기 때문입니다.

중심상업지 못지않은 유동입구와 더 큰 집객력이 있는 홍대 상권이다.

임차인과 임대인, 상부상조해야 한다

상가투자에서 임차인과 임대인은 상생하는 관계여야 합니다. 임대인이 임차인에게 해줘야 할 의무와 역할이 있듯이, 임차인도 임대인에게 해줘야 할 의무와 역할이 있습니다. '상가'라는 공간을 두고 수익을 내야 하는 것은 임대인이나 임차인이나 마찬가지입니다. 임대인이 '좋은 상가'를 고르기 위해 입지를 중요하게 생각하듯, 임차인도 마찬가지입니다. 임대인과 임차인, 결국 같은 목적을 향해 달리는 동료라고 할 수 있습니다.

🏠 임차인이 살아야 임대인이 산다

상가투자자의 입장에서 본인이 소유한 상가에 최적의 임차인이 들어와 장사를 잘해준다면 그보다 좋은 일은 없을 것입니다. 장사가 잘된다면 상가도 번성해지고 그만큼 내 상가의 가치도 높아지기 때문입니다. 임차인이 장사를 너무 잘해서 항시 상가에 손님이 줄지어 기다리는 상황이라면, 돈을 더 주더라도 그런 상가를 사고 싶어지지 않을까요? 반면에 상가가 장사가 잘되지 않아서 임차인이 임대료도 제대로 못 주고 있는 형편이라면, 제 값은 고사하고 제대로 팔기조차 어렵겠지요. 그만큼 임차인의 역할이 중요합니다. 상가투자가 '좋은 상가'를 고르고 사는 것 못지않게 임차인에 신경써야 하는 이유입니다.

최근 연남동, 이태원 등에 위트 있고 개성 넘치는 작은 상가들이 훌쩍 오른 월세에 밀려나고 있습니다. 바로 젠트리피케이션 현상입니다. 그리고 그 자리를 대기업 프랜차이즈들이 채우고, 시간이 지나면 개성이 사라진 해당 상권이 하나씩 비어가는 백화현상이 일어납니다. 악순환이죠. 해당 상권의 임차인들이 만들어놓은 특별한 분위기에 사람들이 관심을 가진다고 자금력으로 밀고 들어오는 대기업도 문제지만, 고맙게 상권을 일으켜 준 임차인들의 상황은 안중 없이 높은 임대료를 선택한 임대인들에게도 문제가 있습니다.

처음부터 좋은 입지였다면 상관없겠지만 대부분의 이런 작은 상가들이 자리를 잡는 곳은 평소 소외되었던 상권이었습니다. 태생이 그러한 상권에 모두 다 떠나고 나면 과연 무엇이 남을까 생각해야 합니다. <u>임차인이 있어야 임대인도 살고, 상권도 살아서 내 상가의 가치도 올라갈 수 있다는 기본원리를 잊지 말아야 합니다.</u>

🏛 임대인이 지켜야 할 일

　입주초기에는 임대인이 상황에 맞게 임차인을 들여야 하지만, 한 번 임차인이 들어오면 그 뒤로는 권리금을 받기 위해서라도 임차인 스스로 신규 임차인을 구하게 됩니다. 그러다 적절한 금액이 합의되면 임대인에게 동의를 구하는 것이 관례입니다. 이때 임대인은 신규 임차인이 어떤 업종인지, 어떤 사람인지 파악하고 괜찮다면 계약을 하면 됩니다.

　또 임대료를 적정한 수준으로 받고 있지 못해 올릴 계획이 있다면, 미리 임차인에게 언질을 줘야 합니다. 임차인에게 높은 임대료를 주장하여 원활한 거래를 막는 것도 문제지만, 아무런 얘기가 없다가 임차인이 바뀌는 시점에 갑자기 얘기를 꺼내면 거래가 안 되는 경우도 있기 때문입니다. 임대인이 임차인에게 해줄 수 있는 일이 그렇게 많지는 않습

 문화백화현상이란?

　'문화백화현상'은 '맘상모(맘 편히 장사하고 싶은 상인들의 모임)' 전 대표이자 예술가인 김남균 씨가 처음 제안한 개념입니다. 젠트리피케이션 현상으로 대형 프랜차이즈들만 남은 거리의 개성 있는 소상인들이나 예술가들이 떠나고 나면, 그 문화와 개성을 좋아해서 찾아오던 사람들도 더 이상 찾지 않게 됩니다. 그러면 결국 높은 임대료를 주고 입점했던 프랜차이즈들도 영업이 안 되니 철수하게 되고, 공실이 생기고, 거리에는 남는 것이 없게 되는 현상을 말합니다.

니다. 그래서 이러한 사소한 부분이 임차인에게 큰 힘이 될 수 있지요. 임대인과 임차인은 단순히 갑을관계가 아닌, 상호협력하여 윈윈하는 상생의 관계가 되어야 합니다.

Step 06.

위기대처 능력,
이것만은 알아야 한다

부동산 임대사업을 하다보면 비단 상가뿐만 아니라 월세를 받는 수익형 부동산의 공통적인 문제가 있습니다. 그중 가장 큰 문제는 제때 임대료를 내지 않는 불량 임차인입니다. 이는 아파트나 빌라, 오피스텔 할 것 없이 임대사업자들의 큰 고충입니다. 보증금이 있으니 상관 없다고 할 수도 있지만 차임이 밀려 제때 명도를 하지 않아, 나중에 원금까지 다 제하고도 마이너스가 되도록 버티는 임차인도 있습니다.

🏛 결국 임차인이 중요하다

임대사업을 하다 보면 한 번씩 마주치게 되는 불편한 상황들이 있습니다. 처음 들어올 때 보증금 일부만 주고 한 달 있다가 나머지를 주기로 해놓고 주지 않는 일도 있고, 오피스텔을 주거목적으로 임대한다고 해놓고 도박장으로 쓰거나 심지어 성매매 장소로 사용하는 일도 있습니다. 가장 곤란한 건 매달 담보대출 이자를 내야 하는데 임대료를 밀리는 경우입니다. 경험을 해본 사람들만이 알 수 있는 고충입니다. 이런 일들은 발생 즉시 대처를 해야 하는데, 미리 준비해두지 않으면 고생하게 됩니다. 만약의 상황을 대비하는 것이 좋습니다.

아무리 좋은 상권의 1층상가라도 임차인이 속 썩이지 않는다는 법은 없습니다. 가끔 장사가 잘되는 상가 임차인이 그럴 이유가 없을 것 같은데도 월세가 밀리고 직원 월급까지 주지 못해서 안 좋아지는 일이 가끔 있습니다. 물론 상가 자체 문제가 아니라 개인 부채가 많거나 자금 사정이 안 좋아진 이유겠지요.

임차료가 밀리지 않도록 하려면 임대차계약을 할 때 임차인을 꼭 만나봐야 합니다. 실제로 만나만 봐도 책임감이 있는 사람인지 아닌지 어느 정도는 알 수 있기 때문입니다. 특히 계약할 때 보증금을 낮추고 월세를 올리자고 임차인이 제시하는 일이 있는데, 주의가 필요합니다. 물론 대부분 초기 시설비가 들어가니 전체 금액을 맞추다보면 그런 일이 있을 수 있습니다. 하지만 터무니없이 보증금을 낮춘다면 허용해서는 안 됩니다.

예를 들어 보증금이 5,000만 원이고 월세가 300만 원인데 월세를 몇십만 원 올려줄 테니 보증금을 1,000만 원이나 2,000만 원으로 낮춰줄 것을 요구하는 경우가 있습니다. 이러한 유형은 정말 특별한 경우를 제외하고는 들어주지 않는 것이 좋습니다. 만약 임차인이 3개월에서 6개월만 월세를 미납해도 보증금이 다 날아가는 셈입니다. 명도소송할 시간조차 없는 계약이 되는 거죠. 악질 임차인이라도 걸리면 나중에는 이 사비용까지 주고 임대인이 빌면서 내보내야 할 수도 있습니다. 그러니 보증금은 최소 월세 1년치 이상은 받아 놓아야 손해 없이 대처할 수 있습니다.

물론 본의 아니게 장사하다가 상황이 안 좋아져서 임대료를 못 내게 될 수도 있는데, 이럴 때는 임차인과 잘 타협해서 정하면 됩니다. 하지만 이런 경우에도 2개월 정도 월세를 미납하면 문자나 내용증명을 보내서 근거를 남겨둬야 합니다. 또 대화로 해결하려고 했는데 3개월 넘어가도록 달라지는 것도 없고 통하지 않는다면, 그때 마지막 명도소송 취지의 내용증명을 보내고 명도소송을 해야 서로 뒤끝 없이 해결할 수 있습니다. 물론 사람 간의 관계에서 냉정하게 행동하는 것이 쉬운 일은 아닙니다. 하지만 필자 또한 여러 경험을 해본 결과, 이렇게 끊어주는 것이 서로에게 가장 좋은 방법이었습니다. 일부 임대인 중에는 이런 번거로운 과정을 피하기 위해서 계약 당시 제소 전 화해신청을 받아놓는 경우도 있고, 특약사항에 '1기 연체 시 연 20%의 이자를 지불한다'는 내용을 넣어 임차인에게 환기를 시키기도 합니다. 특별한 경우이지만 의심스러운 임차인을 부득이하게 들여야 할 경우 유용한 방법이 될 수 있습니다.

<u>임대사업이란 것이 내 생각대로 쉽게만 되는 것이 아니기 때문에 적절하게 임대료를 올리는 부분도 임대인의 역할이고, 문제가 생기지 않게 사전에 선을 그어주는 것도 임대인의 역할입니다. 임대인의 역할을</u>

소홀히 하면 상가에 문제가 생기고, 가치도 떨어지는 거라고 생각하면 됩니다. 내 상가의 가치는 내가 지키고 올리는 것입니다.

상가의 가치는 입지가 큰 몫을 차지하지만 상가주인의 역할도 꼭 필요합니다. 필자의 경험상 똑같은 조건에도 상가를 더 비싸게 잘 파는 사람은 임차인에게 높은 임대료를 받고 있는 사람입니다. 평소 임차인에게 요구할 것은 요구하고 거절할 것은 거절합니다. 악독하게 임대료를 높여 받는 것이 아니라면, 임대인이 임대인 역할을 제대로 해야 내 상가의 가치 역시 제대로 평가받을 수 있을 것입니다.

예를 들어 같은 건물에 같은 면적의 상가가 나란히 있습니다. 한 쪽은 월세를 100만 원 받는데 한쪽은 사람이 좋아서 80만 원을 받고 있습니다. 두 상가 중에 한 개를 사야 한다면 어떤 상가를 고를까요? 단지 사람이 좋아서 월세를 낮추는 것은 본인의 성향문제이지만 투자자 관점에서는 손실이 될 수도 있는 것입니다. 기왕 큰돈을 들여 리스크를 안고 하는 투자라면 상가의 가치도 높아지고 임대사업의 목적에도 부합해야 하지 않을까요?

렌트프리란?

렌트프리Rent free는 임대인이 임차인에게 일정기간 무상으로 임대해주는 것을 말합니다. 공실 상태이거나 신축상가, 오피스 등에 입점할 임차인이 인테리어 기간 또는 자리 잡을 기간 동안 편의를 봐주는 형태로 이루어집니다. 임대인이 공실을 피하기 위하여 임차인에게 1~6개월 정도의 혜택을 주어 관리비 같은 유지비도 절약하고, 임차인 유치도 하기 위한 고육책으로 쓰입니다. 그런데 최근 신규분양상가에서는 어느 정도 관례화되어 임차인들이 당연한 권리인 듯 렌트프리를 주장하기도 합니다.

Step 07.

상가세금, 어떻게 처리해야 하나?

이번 장에서는 상가를 보유하면서 발생하는 세금에 대한 내용입니다. 상가를 보유할 때 발생하는 세금으로는 재산세, 종합소득세, 부가가치세가 있습니다. 상가는 주택과 달리 종합부동산세 과세기준(토지분의 공시지가가 80억 원 이상만 해당)이 높아서 대부분 해당되지 않지만 임대소득이 있기 때문에 종합소득세는 과세됩니다.

🏛 세금은 꼼꼼하게 챙기자

① 재산세

재산세는 매년 6월 1일 기준으로 건물을 소유하고 있는 사람에게 1년 분의 세금(지방세)을 부과하는 것입니다. 연 2회로 나누어서 건물 분은 7

월 31일까지, 토지 분은 9월 30일까지 납부하게 됩니다. 재산세는 자진 신고가 아니라 해당 관청에서 금액을 산출하여 고지하는 방식입니다. 어떻게 산출되는지 알아두는 것이 좋습니다.

- 건물 분 : 시가표준액×공정시장가액 비율(70)×세율(0.2)
- 토지 분 : 개별공시지가×공정시장가액 비율(70)×세율 (0.2~0.4%)

시가표준액은 관할 지자체 홈페이지에서 확인이 가능하며, 개별공시지가 역시 국토부나 지자체 사이트에서 확인이 가능합니다. 재산세는 매년 6월 1일 현재 소유자에게 부과하는 세금이기 때문에 상가나 부동산 거래 시 소유권 이전이 그 비슷한 시기에 걸린다면 6월 1일 이후로 잔금을 하는 것이 유리합니다.

도표 22 ▶ 토지 분 재산세 세율

과표	세율
2억 원 이하	0.2%
2억 원 초과 10억 원 이하	2억 원 초과금액의 0.3% + 40만 원
10억 원 초과	10억 원 초과금액의 0.4% + 280만 원

② 종합소득세

상가는 임대소득을 올리는 임대사업자로 등록을 하면서 매년 소득신고를 해야 하는 사업장이 됩니다. 매년 5월 1일에서 5월 31일까지 종합소득세를 신고해야 합니다. 종합소득세는 1년간의 임대사업 소득에 대한 부가가치세 신고자료를 기준으로 신고를 하며, 근로소득 등 다른 소득이 있으면 합산하여 종합소득과 소득세를 확정하게 됩니다.

- 소득기준 : 사업소득(임대소득) + 근로소득 + 이자, 배당소득 등
- 공제기준 : 매입자료, 인건비, 난방비, 전기세, 각종 유지보수비용, 세금, 담보대출이자 등

종합소득세는 특히 절세에 신경써야 합니다. 소득이 있는 직장인인 경우 임대소득과 합산해서 신고해야 되기 때문에 높은 세율구간에 걸

도표 23 ▶ 종합소득세 세율

과세표준	세율	누진공제
1,200만 원 이하	6%	-
1,200만 원 초과 4,600만 원 이하	15%	108만 원
4,600만 원 초과 8,800만 원 이하	24%	522만 원
8,800만 원 초과 1억 5,000만 원 이하	35%	1,490만 원
1억 5,000만 원 초과	38%	1,940만 원

· 2014년 이후 귀속

리면 불리해질 수 있습니다. 이때는 부부 공동명의를 이용해 절세하는 것이 일반적인 방법입니다. 직장인 임대사업자의 경우는 기본공제, 추가공제처럼 내가 받는 연봉과 공제받는 부분 등 여러 가지 상황을 종합해서 산출해야 합니다. 그러므로 세무사를 통해서 최적 절세방법을 찾는 것이 가장 좋습니다.

③ 부가가치세

부가가치세는 취득, 보유, 양도 시 전부 발생하는 세금입니다. 취득, 양도 시에는 매매대금의 건물 분에 부과하지만 보유 시에는 임대료에 대해 부과합니다. 상가 임대료를 받게 되면 받는 금액의 10%는 임차인들에게 별도로 받아 7월과 이듬해 1월에 부가가치세를 신고·납부합니다. 그래서 임대차계약을 할 때 계약서에 '부가세별도' 또는 '부가세는 임차인이 부담한다' 등으로 표시하게 됩니다. 그러면 그 자료를 기준으로 매출이 잡히고 각종 비용을 공제한 후에 소득세의 기준이 되는 것입니다.

여기서 끝이 아닙니다. 간주임대료라는 것이 있습니다. 보증금에 대해서도 이자소득이 발생한다고 보고 이에 대해 일정 비율로 간주임대료를 부가하는 것입니다. 2017년부터 간주임대료의 이자비율을 1.6%로 적용하기 시작했습니다. 따라서 우리가 임대보증금으로 5,000만 원을 받았다면 그에 대한 간주임대료는 '5,000만 원×1.6% = 80만 원'이 되며, 연 80만원 대한 10%가 간주임대료의 부가가치세가 됩니다. 그럼 보증금 5,000만 원을 받았을 때 연간 8만 원의 부가가치세가 발생되고,

6개월마다 약 4만 원 정도의 부가가치세를 임대료분과 함께 납부하면 되는 것입니다.

  간주임대료는 특약이 없다면 임대인이 부담하는 것이 원칙입니다. 물론 특약으로 임차인에게 부담하게 할 수는 있지만, 간주임대료는 세금계산서 발급이 되지 않으므로 임차인이 환급받지 못합니다. 그래서 보통은 임대인이 부담합니다(비용처리는 가능합니다). 세무사 사무실에 의뢰하면 알아서 해주니 크게 신경 쓸 일은 없지만, 직접 신고할 경우 누락에 대한 가산세 규정도 있음을 기억해둬야 합니다.

④ 국민연금

  임대소득이 나오는 부동산을 취득하게 되면 세금 외에도 부담해야 하는 것이 있습니다. 바로 국민연금과 건강보험료입니다. 이 부분은 세금과 달리 납부기준이나 금액을 예상하기 힘들어 많은 상가투자자들이 어려워하는 부분이기도 합니다. 종합소득세 절세를 위해 부부 공동명의나 배우자 명의로 하기도 하는데, 이때 소득이 없던 사람이 임대사업자가 되면 국민연금, 건강보험료를 따로 납부해야 합니다. 명의 절세와 비교하여 더 유리한 방향을 따져봐야 합니다.

  국민연금은 100% 소득으로만 부과합니다. 말 그대로 연금이기 때문에 세금과는 다른 개념이지만 계획에 없던 비용이 지출이 될 수도 있으므로 알고 있는 것이 좋습니다. 국민연금의 납부기준 금액은 다음과 같습니다.

- 국민연금 보험료 = 가입자 기준소득월액 × 연금 보험료율

    2017년 7월부터 2018년 6월까지 적용되는 월액은 상한액 449만 원, 하한액 29만 원입니다. 소득이 하한액보다 낮으면 하한액인 29만 원을, 상한액보다 높으면 상한액인 449만 원을 연금보험료율(임대사업자 9%)과 곱하여 보험료를 산출하는 방식입니다.

⑤ **건강보험료**

    건강보험료는 소득과 재산(자동차, 부동산), 그리고 부양가족 숫자 등 부과하는 기준대상이 많습니다. 그래서 건강보험료를 산정할 때는 연령, 소득수준, 재산 정도를 구간별·등급별로 계산하여 산정하게 됩니다. 상가 임대사업을 하는 경우는 직장인 임대사업자(직장가입자)와 일반임대사업자(지역가입자)로 구분해서 생각해야 합니다. 직장인 임대사

도표 24 ▶ 연도별 연금보험료 부담 수준

(단위 : %)

구분		1988~1992	1993~1997	1998~1999.03	1999.04
사업장 가입자	계	3.0	6.0	9.0	9.0
	근로자	1.5	2.0	3.0	4.5
	사용자	1.5	2.0	3.0	4.5
	퇴직금전환금	–	2.0	3.0	–
사업장 임의계속가입자		3.0	6.0	9.0	9.0

업자는 신고 근로소득(보수월액) 외에 보수 외 소득(소득월액)이 연 7,200만 원 미만이라면 임대사업으로 인한 추가 부담이 없습니다. 초과 시에는 보수월액보험료와 소득월액보험료를 별도로 계산합니다.

반면에 일반임대사업자는 직장가입자와는 계산방법이 다르며 소득 외에도 부동산, 자동차 등의 재산까지도 합산하여 부과됩니다. 이때 연소득이 500만 원을 초과하는 경우와 그렇지 않은 경우를 나누어 산정하는데, 상가 임대사업자라면 대부분 연 소득이 500만 원은 초과하므로 500만 원 미만은 참고만 하면 됩니다. 보험료 산정기준은 다음과 같습니다.

〈직장가입자의 보험료 산정기준〉

① 보수월액보험료 : 가입자의 보수월액을 기준

→ 보험료=보수월액×건강보험료율(2017년 6.12%)

(＊가입자 및 사용자가 각각 50%(3.06%)씩 부담)

② 소득월액보험료 : 가입자의 '보수 외 소득'이 연간 7,200만 원을 초과하는 직장가입자(임의계속가입자 포함)의 소득월액을 기준

→ 보험료 = 소득월액×보험료율×50/100

(＊소득월액 = 연간 '보수 외 소득'÷12)

〈지역가입자의 보험료 산정기준〉

가입자 세대의 소득에 따라 2가지 방식으로 보험료를 산정한다.

① '연간소득 500만 원 초과세대'는 소득, 재산(전월세 포함), 자동차의

각 등급별 점수를 합산하여 보험료를 산정

② '연간소득 500만 원 이하 세대'는 생활수준 및 경제활동참가율, 재산(전월세 호팜), 자동차의 각 등급별 점수를 합산하여 산정

월 보험료는 소득, 재산, 생활수준, 경제활동참가율 등을 고려하여 부담능력을 점수로 표시한 보험료 부과점수에 점수당 금액(2016년 179.6원)을 곱하여 산정한다.

(*생활수준 및 경제활동참가율 최고등급의 점수(30등급, 372점)는 소득 최저등급의 점수(1등급, 380점)보다 낮음)

또한 직장가입자, 지역가입자, 두 경우 모두 장기요양보험료는 별도로 납부해야 합니다. 장기요양보험료는 2017년도 기준 6.55%이며, '건강보험료×요율(6.55%)' 방법으로 계산합니다. 건강보험료는 직접 계산하기가 복잡합니다. 국민건강보험 홈페이지에 있는 4대보험 계산기를 이용하면 편리하게 알아볼 수 있습니다.

Advice 11

• 보험료 계산기

　보험료 계산은 국민건강보험(www.nhis.or.kr) 사이트를 방문하면 됩니다. 다음의 순서대로 하면 건강보험과 국민연금에 대한 금액을 조회할 수 있습니다.

1. 사이버민원센터를 클릭합니다.

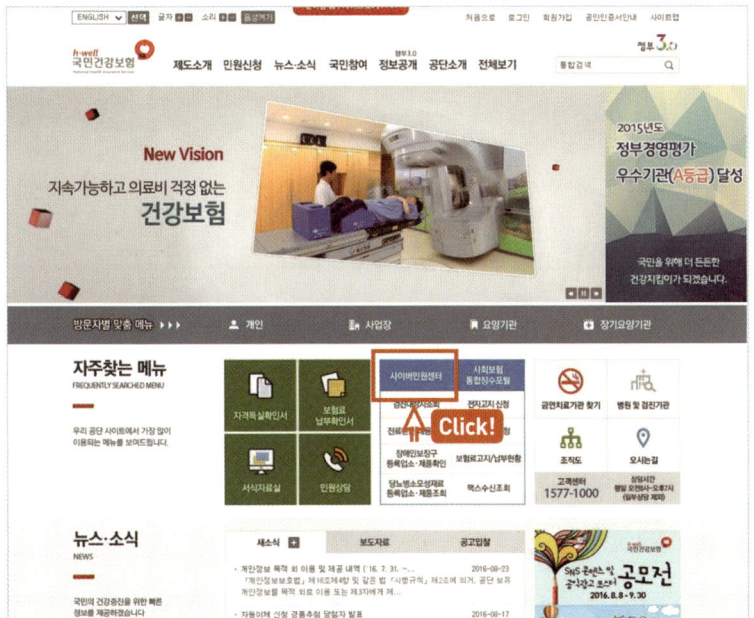

2. 건강보험안내를 클릭합니다.

3. 4대 사회보험료 계산을 클릭합니다.

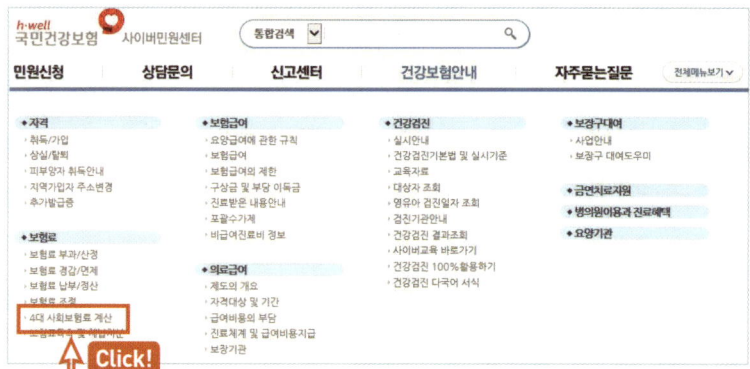

4. 지역가입자와 직장가입자로 구분하지만 같은 계산기가 나오므로 어느 쪽으로 계산해도 상관없습니다.

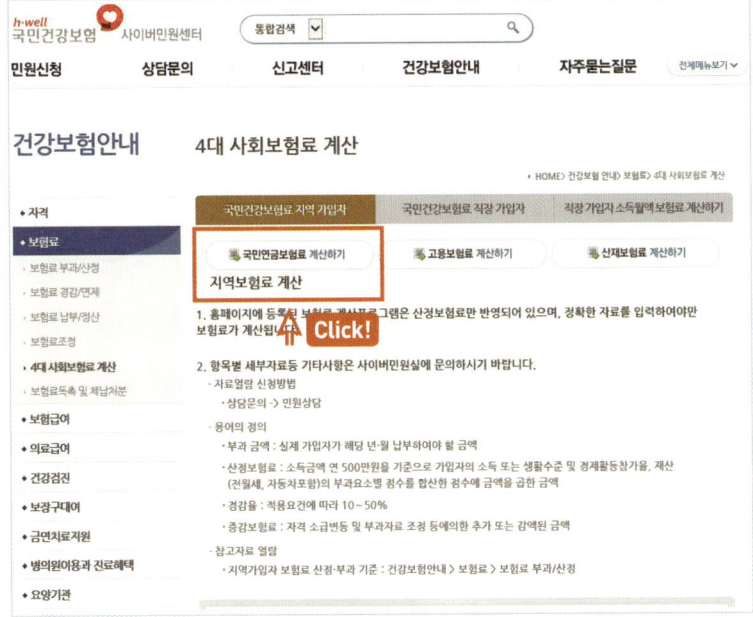

5. 신고소득 금액을 입력하고 계산하기를 누르면 됩니다. 하지만 정확한 신고소득월액을 알아야 하므로 추산하는 용도로 사용하는 것이 좋습니다.

5단계 요점정리

Step 01 임차인 선정하기
→ 유명 프랜차이즈, 수많은 장사 경험과 특별한 아이템, 꼼꼼하고 깐깐한 마인드

Step 02 상가임대 전략 세우기
· 기존상가 : 공실의 최소화, 상가청소 및 화장
· 신축분양상가 : 주변상황의 변화를 주시하며 발맞추기

Step 03 업종별 임차인 장단점 알아두기

Step 04 상가유형별 어울리는 업종 찾기

Step 05 임차인과 임대인의 결국 상부상조 관계임을 늘 새겨두기

Step 06 상가임대 위기대처 방법
→ 보증금은 최소 월세의 1년치를 확보

Step 07 상가보유시 세금처리
· 재산세 : 건물 분, 토지 분
· 종합소득세 : 사업소득+근로소득+이자, 배당소득 등
· 부가가치세 : 임차인에게 받는 월세의 10%
· 국민연금
· 건강보험료

Chapter
6

시세차익을 만들어내는 상가매각

수익을 올리는
매도 타이밍을 잡아라

상가투자의 완성은 차익을 실현하는 매도입니다. 어렵게 투자할 상가를 찾아 결정을 하고 임대수익을 잘 내고 있었다고 해도 잘 팔지 못한다면 그동안의 성공이 반감될 수 있습니다. 잘 사는 것 못지않게 잘 파는 것도 중요합니다. 하지만 상가를 잘 팔기 위해서는 조건이 있습니다. 상점에서 물건을 팔기 위해 예쁘게 포장하고 진열하듯 상가도 먼저 해결해야 할 일이 있습니다.

🏠 타이밍이 좌우한다

우선 보유한 상가가 공실이거나 공실의 우려가 있으면 안 됩니다. 만약 공실이라면 여러 가지 좋은 조건(렌트프리 등)을 내걸어서라도 괜찮은 가격에 임대를 맞춰놔야 합니다. 단, 주변상권에 문제가 있어 공실이 된 것이라면 약간 손해를 보더라도 팔고 나오는 것이 좋습니다. 그렇지 않고 환경이 아직 갖춰지지 않은 단순한 시간의 문제라면 매도 타이밍을 늦춰야 합니다. 또한 임대수익률이 시세 대비 낮게 책정되어 있다면 적어도 시세 정도의 임대료는 맞춰 놓고 매도를 해야 제 값을 받을 수 있습니다. 상가의 가격은 미래가치도 중요하지만 현재 얼마의 임대수익을 내고 있느냐가 중요한 문제이기 때문입니다.

발목에 사서 어깨에 팔라고 합니다. 주식투자에서 흔히 하는 말이지요. 상가투자도 마찬가지입니다. 잘 판다는 것은 제대로 된 타이밍에 파는 것을 말합니다. 좋은 상가를 찾아 투자했다면 안정적인 임대수익과 매도차익 실현이 어렵지 않겠지만, 그렇지 않다면 매도 타이밍을 잘 잡아 전략적으로 팔아야 합니다. 팔기 좋은 타이밍이 왔을 때 최고점만 고수하면 원하는 수익은 고사하고 아예 팔리지 않을 수도 있습니다. 특히 내 상가가 누가 봐도 괜찮은 조건이 아니고 꼭 팔아야 하는 상황이라면 더욱 타이밍을 놓치면 안 됩니다. 가격을 낮춰서라도 적극적으로 매도를 하고 다음을 기약하는 것이 좋습니다.

반대로 매입할 때는 가능한 저렴하면 좋지요. 경매를 통해 상가투자를 하는 이유도 매입가격을 최대한 낮추기 위해서입니다. 경매투자자들의 매도전략을 보면 임대가격을 가능한 높게 받아 주변보다 높은 수익률을 만든 다음 매도를 합니다. 그것은 경매상가들이 B급, C급 지에 많아 약점을 보완하여 원활하고 신속하게 처리하기 위해서입니다. 따라서 상가는 발목에 사는 것이 중요하며, 매도를 마음먹었다면 적절한 타이밍이 왔을 때 상황에 따라 어깨보다 낮은 수준이라도 적극적으로 파는 것이 좋습니다.

매도 타이밍 1_취득 2년 뒤에 팔아라

상가는 취득 후 2년 안에 차익을 남기고 팔게 되면 1년까지는 50%, 2년까지는 40%의 양도세 중과세를 물게 됩니다. 그러므로 사정상 꼭 팔아야 하거나 잘못 투자해서 빠져나와야 하는 경우가 아니라면 최소 2년은 보유하고 파는 것이 좋습니다. 2년이 지난 뒤에는 양도차익에 따른 누진과세(6~38%)가 적용되므로 수익을 높일 수 있는 것이죠. 또한 3년 보유는 10%의 장기보유특별공제가 적용되며, 이후부터는 매년 2~3%씩 공제율이 높아져 10년 보유 시는 30%의 장기보유특별공제 혜택이 생깁니다.

매도 타이밍 2_임대료 상승 시점을 노려라

상가는 임대료 또한 개별적인 특성이 강하기 때문에 똑같은 입지의 상가들이라도 임대료가 다 다릅니다. 만일 보유한 상가의 임대료가 주변시세보다 낮다면 만기시점에 맞추어 미리 통보를 하고 시세 정도로 임대료를 상향조정해야 합니다. 그러면 임대료 상향조정 직후가 매도 타이밍이 될 수 있습니다.

투자시점부터 2년 뒤로 매도를 계획했다면 소유자 변경으로 임대차 계약서를 새로 작성할 때 주변시세 정도로 임대료를 올릴 계획이라고 말해놓는 것도 방법입니다. 그렇게 미리 못을 박아 놓으면 다음 재계약

도표 25 ▶ 양도소득세 장기보유특별공제 기준

보유기간	일반공제	1세대 1주택
3년 이상 ~ 4년 미만	10%	24%
4년 이상 ~ 5년 미만	12%	32%
5년 이상 ~ 6년 미만	15%	40%
6년 이상 ~ 7년 미만	18%	48%
7년 이상 ~ 8년 미만	21%	56%
8년 이상 ~ 9년 미만	24%	64%
9년 이상 ~ 10년 미만	27%	72%
10년 이상	30%	80%

시에는 한결 부드럽게 임대료 조정을 할 수 있으며 매도계획을 세우기도 좋습니다.

  상가의 현재가치는 현재의 임대수익률에 따라 달라지며, 시장도 임대수익률에 반응합니다. 쉽게 말해 지금 당장 세가 잘나오는 상가가 인기도 많고 잘 팔리고 가격도 더 받을 수 있다는 얘기입니다. 따라서 매도계획을 세울 때는 임대료를 올리는 시점에 매도 타이밍을 잡을 수 있도록 맞춰놓는 것이 유리합니다.

🏠 가치를 보는 안목이 수익을 결정한다

예전에 경매나 급매물로 나온 15년 이상 된 빌라, 아파트를 싸게 산 다음 수리해서 팔아 한동안 쏠쏠한 재미를 본 적이 있었습니다. 처음에는 그대로 싸게 팔려고 했지만, 잘 팔리지 않았습니다. 그러다가 생각을 바꿔 적게는 500만 원 많게는 1,000만 원 정도를 들여 깨끗하게 수리를 한 뒤 부동산 사무소에 내놓아보니, 수리비용보다 500~1,000만 원은 더 받고 팔 수 있었습니다. 헌집을 직접 수리하는게 더 저렴하지만, 당장 좋아 보이는 집을 더 선호하는 것이었습니다. 이는 사람들이 미래가치보다 현재의 상황, 즉 현재가치에 더 반응한다는 이야기입니다.

상가도 마찬가지입니다. 지금은 임대료가 낮고 향후 더 높게 받을 수 있는 상가보다, 당장 임대료를 조금이라도 더 받는 곳이 팔기 좋은 상가라고 생각하는 것입니다. 하지만 투자자는 반대로 생각해야 합니다. 위치만 좋다면 당장 임대료가 좀 낮아도 미래가치를 보고 투자해야 합니다. 2년 뒤 임대료 상향이 가능하다면 그때 더 좋은 조건으로 매도할 수 있습니다.

가치투자가 주식투자에만 있는 것은 아닙니다. 부동산도 미래가치에 비해 현재가격이 저평가되어 있는 곳에 투자해야 합니다. 상가투자에서도 물건의 가치를 알아봐야 높은 수익을 실현할 수 있습니다. 당장은 수익률이 낮아도 향후 임대료 상승가능성이 높은 상가라면 적극적으로 투자하기를 권합니다.

리스크를 피하는 매각 타이밍

"좋은 상가는 3대까지 간다"는 상가투자 시장의 오래된 격언입니다. 말 그대로 좋은 상가는 남에게 팔지 않고 자손에게 물려준다는 것이지요. 이런 곳이 우리가 바라는 좋은 입지의 우량상가입니다. 이 말처럼 좋은 상가에 투자하고 안정적으로 대대손손 물려가며 수익을 낼 수 있다면 얼마나 좋을까요? 하지만 상가투자자들 입장에서 보면 현실적인 내용은 아닙니다. 단지 가능한 최선의 선택으로 꾸준한 임대수익을 안겨줄 상가를 잘 골라야 한다는 의미로 생각해야 합니다.

상권의 변화를 체크하라

상가는 투자자의 적절한 손길이 필요한 투자상품입니다. 처음 매입할 때 상가가 70점 정도라면, 잘 다듬어 80점 혹은 90점의 가치로 만들어 파는 노력이 필요합니다. 매입시점부터 임대료가 저평가되어 있거나 교통, 기반시설, 배후세대 등 상가환경이 개선 가능성이 있어 가치상승이 기대되는 상가를 찾아 투자하는 노력부터, 좋은 임차인을 들이고 적정한 임대수익률을 유지하는 노력이 이어지다 보면, 3대까지는 아니어도 꾸준히 롱런할 수 있습니다. 하지만 이런 노력과 별개로 안정적인 상태를 유지하는 데 방해하는 변수와 요소가 많습니다. 상권이 변하고 주변환경이 변하는 것이 그렇습니다. 이러한 것은 상가에 영향을 미칩니다. 그렇다면 어떤 요인들이 상가의 가치를 떨어뜨릴 수 있으며, 어떻게 대처해야 할까요?

<u>첫 번째, 주거환경의 변화로 인한 요인입니다.</u> 도심상권의 경우 배후세대가 심하게 낡아서 재개발, 재건축 등으로 대규모 이주가 발생합니다. 이때 임차인들 영업에 큰 타격이 생길 수 있습니다. 특히 유동인구에 의존하는 생활편의시설에 적합한 상가라면 빨리 대책을 세워야 합니다. 재개발, 재건축은 계획이 발표되고 한참 진행이 되다가도 중단되는 경우도 많고, 기간도 오래 걸립니다. 그만큼 중간에 충분히 대처할 시간이 있습니다.

<u>두 번째, 신도시 중심상가의 활성화 시점입니다.</u> 신도시에 초기 입주하여 독점으로 재미 봤던 근린상가를 가지고 있다면, 입주 5년차부터는 중심상업지나 인근 상가의 활성화에 촉각을 세워두는 것이 좋습니다. 아무리 항아리 상권의 독점상가라고 해도 근거리에 큰 상권이 생기면 영향을 받을 수밖에 없습니다. 보통 규모가 큰 중심상업지 상가들이

활기를 띄는 시점이 입주 후 5년 정도로 보기 때문입니다. 만약 중심상업지와 근린상가의 거리가 도보로 약 10분 이내에 있다면 틀림없이 영향을 받게 되므로 매도를 신중히 생각해봐야 합니다.

<u>세 번째, 인근 경쟁상권에 백화점이나 대형마트가 입점하는 경우입니다.</u> 인근에 대형 유통매장이 들어서면 당연히 주변 소규모 상권의 소매업종들이 타격을 입습니다. 시간이 지남에 따라 회복되기도 하지만, 일단 부정적인 영향을 받는 기간이 길어지면 길어질수록 상가수익은 물론 거래가격까지 떨어질 수 있습니다. 현재 탄탄한 입지의 상가가 아니라면 매도를 생각해봐야 하는 타이밍입니다.

<u>네 번째, 지하철 신규개통이나 교통체계 변화입니다.</u> 지하철이 신규로 들어서면 기존 주민들부터 지하철역을 이용하기 위해 이주해오는 인원까지 시간이 지나면서 이용량이 점점 늘게 됩니다. 그러면 역세권(약 도보 5분 거리, 반경 500m 이내) 상권이 형성되고, 인근 상권이 자연스럽게 역세권으로 분산됩니다. 따라서 역세권 상권이 형성되는 곳은 수혜를 보게 됩니다. 반면에 역으로 향하는 출퇴근 동선이 바뀌면서 피해를 보는 상가들도 발생합니다. 역세권이나 주 동선이 바뀔 것 같으면 지하철 개통 전에 매도를 하는 것이 좋습니다.

지하철역이 새로 들어서면 역을 이용하는 유동인구도 늘어납니다. 유동인구가 늘어난다는 것은 상권이 더 좋아진다는 얘기이기도 합니다. 상가가치도 올라가니 좋은 일이지만, 인구는 한정되어 있고 역이 생겼다고 없던 소비가 늘어나는 것도 아닙니다. 제로섬게임처럼 한쪽 상권이 좋아진 만큼 어느 한편에서는 그늘이 생기게 마련입니다. 이러

한 예가 바로 신분당선 상권입니다. 신분당선이 개통되어 수지, 광교역 주변 상가들이 수혜를 본 만큼 인근의 정자, 죽전 등의 상권이 피해를 보게 되는 일이 생깁니다. 또한 신분당선으로 강남상권의 빨대 흡입력이 더 강해져서 결국에는 광교, 수지의 지역상권도 영향을 받을 수 있는 일입니다. 이러한 상황들을 어떻게 해석하고 판단하고 실행할지는 오롯이 투자자인 나의 몫입니다.

중요한 것은 상권이나 상가의 가치변동에 원인이 되는 요인들을 미리 체크하는 것입니다. 신분당선 연장선처럼 지하철 개통이 계획되어 있다면, 현황과 전망을 확인해서 투자를 적극적으로 검토해볼 수 있을 것입니다. 반대로 인근 상권에 대형백화점이 입점하는 것처럼 내가 갖고 있는 상가에 불리한 계획이 있다면, 해당 상권의 소비인구를 빼앗길 수 있으므로 신중하게 상황을 파악하고 매도하는 것이 좋을 것입니다. 이러한 상황은 언제든 올 수 있고, 어떤 식으로든 올 수 있습니다. 늘 주변상권의 변화를 주시하고 체크해야 합니다.

Step 03.

상가매각에도 전략이 있다

 상가를 잘 팔기 위한 가장 좋은 방법은 아주 간단합니다. 바로 좋은 상가를 잘 사는 것입니다. 어떻게 보면 하나마나 한 소리지만, 좋은 입지에 누가 봐도 좋은 상가는 '잘 팔릴까?'라는 걱정을 할 필요가 없습니다. 외려 주변에서 가격을 잘 쳐줄 테니 팔라고 귀찮게 할 겁니다. 그래서 좋은 위치에 있는 상가를 매입하려고 부동산 사무소에서 찾아봐도 없는 겁니다. 처음부터 목 좋은 상가를 사는 것이 가장 좋은 전략인 것이지요.

 하지만 모든 상가가 좋은 입지에 있는 것은 아닙니다. 아마도 위치가 애매한 상가가 더 많을 겁니다. 이런 상가는 원하는 조건에 팔기가 어렵습니다. 그래서 잘 팔기 위한 노력이 필요합니다. 언제 나타날지 모르는 매수자를 기다리면서 상가의 가치를 높이기 위한 준비를 미리 해야 합니다.

🏠 상가매각 전략_계획된 가격에 팔아라

필자가 상가투자 세미나 또는 강의를 하면서 자주 다루는 주제가 매각계획입니다. 분양상가 투자에 대한 것으로 기본 골자는 이렇습니다. 최초 투자시점에 가능한 세전 6% 이상으로 수익률을 맞출 수 있는 상가를 찾는 것입니다.

세전 6%라면 보증금 5,000만 원, 월 300만 원에 임대된 상가를 6억 5,000만 원에 매입했을 때의 수익률입니다. 만일 이 금액에 매입했다면 2년 뒤 또는 3년 뒤에 시장상황에 따라 약 20~30만 원 정도를 인상할 계획을 세웁니다. 3년 뒤 30만 원을 인상했다면 임대료가 보증금 5,000만 원에 월 330만 원이 됩니다. 임차인이 영업을 잘하고 있다면 가정한다면 어느 정도 안정된 상가가 되었으므로, 기존상가 시장의 거래수익률인 세전 5% 정도의 수익률에 맞춘 매도가격을 계산합니다. 수익률 계산의 역으로 계산하면 다음과 같습니다.

(월세×12)÷5% = 실투자금 → 실투자금+보증금 = 매도가격

(330만 원×12)÷5% = 7억 9,200만 원 → 7억 9,200만 원+5,000만 원 = 8억 4,200만 원

이를 정리하면 다음과 같습니다.

- 분양가 6억 5,000만 원, 취득세 약 3,000만 원, 임대료 5,000÷300

- 투자금 6억 원(세전 수익률 6%), 실투자금 6억 3,000만 원
- 매도가 8억 4,200만 원, 임대료 5,000 ÷ 330(세전 수익률 5%)
- 차익 1억 6,200만 원
- 임대수익 : 300 × 36개월 = 1억 800만 원
- 수익금 : 1억 6,000만 원 + 1억 800만 원 = 2억 7,000만 원

(*보유세, 양도세 등은 제외한 금액이며, 대출시 레버리지로 수익률이 높아짐)

앞의 예처럼 매도가격을 결정한 다음, 세전 5% 수익률의 안전한 상가로 매도하는 것입니다. 물론 계획대로 진행되기는 힘들 것입니다. 하지만 이런 식으로 <u>매입가격, 매도가격, 임대료 상승 등에 대한 기준을 세워 투자한다면, 생각 없이 투자하는 것보다 좋은 결과를 낼 수 있을 것입니다.</u>

🏠 상가매각 전략_부동산을 설득하라

상가매입은 부동산 사무소나 분양, 경매 등 여러 채널로 가능하지만 매각은 신문, 인터넷 광고를 통해 직접 하거나 부동산 사무소를 통해 하는 것이 일반적입니다. 이때 매도 희망가격과 현재 임차상황 등만 달랑 알려주고 팔아달라고 하는 것은 좋은 방법이 아닙니다. <u>먼저 부동산 사무소의 마음에 들어야 잘 팔 수 있습니다.</u> 그래서 상가매각을 할 때 가장 먼저 설득해야 할 대상은 부동산 사무소 담당자들입니다. 그래야

만 내 상가의 장점을 잘 포장하여 설명도 잘하고 의견도 들어보고 수수료도 더 챙겨준다고 하면, 아무래도 더 빠른 결과를 기대할 수 있을 것입니다.

상가매각을 할 때는 근접한 부동산 사무소에 우선 의뢰를 하고, 인근에서 상가를 전문으로 하는 사무소를 수소문하여 같이 의뢰하는 것이 좋습니다. 상가 전문 부동산이 인근에 있으면 좋겠지만, 상가를 전문적으로 다루는 곳은 영업반경이 넓기 때문에 약간 거리가 있어도 무관합니다. 부동산 사무소 직원들은 좋은 물건이고 괜찮은 가격이면 적극적으로 움직이는 특성이 있습니다. 이러한 곳은 항시 해당 지역 부동산물건을 다루는 곳이라 거래시세도 잘 알고 있으므로 생각한 매도가격 정도면 거래가 가능한지, 터무니없는 가격은 아닌지 파악해야 합니다. 그리고 주기적으로 전화하거나 방문하여 상황을 설명해주고 진행상황도 확인해서 상기시키는 것이 필요합니다.

🏠 상가매각 전략_화장을 시켜라

상가는 공실이 나면 치명적입니다. 하지만 입주 초기이든 주변환경 때문이든 본의 아니게 공실이 생기는 경우가 있습니다. 이때 공실 상태의 상가를 좋은 조건에 파는 것은 어려운 일입니다. 가능한 빨리 임차인을 구해야 합니다. 보통 상가는 인테리어를 하고 들어가기 때문에 임차인이 이어지지 않고 중간에 비게 되면, 전 임차인이 원상복구를 해도 깨끗하지 않습니다. 다음에 입주할 임차인이 인테리어를 할거라고 그대로 놔두면 공실이 길어질 수도 있습니다.

이때 임대인이 직접 손을 봐야 합니다. 비용이 들어도 한 번 손을 봐두면 원상복구의 기준도 명확히 할 수 있고 임대가 빨리 나갈 수도 있기 때문입니다. 요즘 상부층 오피스들은 임대인들이 처음부터 냉난방기, 싱크대, 인테리어 칸막이 등을 설치해주고 임대를 놓기도 합니다. 사무실을 구하는 임차인 입장에서 본다면 기본시설이 되어 있는 곳을 분명 더 선호하겠지요. 그러므로 <u>손 놓고 임차인을 기다리는 것보다, 적극적으로 움직이는 노력이 임대도 잘 놓고 잘 팔 수 있는 방법입니다.</u>

다시 한 번 말하지만 상가를 매각하는 가장 좋은 방법은 처음부터 매도전략이 필요 없는 상가에 투자하는 것입니다. 하지만 현실적으로는 힘든 일입니다. 투자는 형편에 따라 성향에 따라 하는 것이니 경매를 통해 하자가 많은 상가를 낙찰 받을 수도 있고, 분양이 되지 않아 덤핑으로 나오는 상가를 할인받아 살 수도 있습니다. 상가투자 초보자라면 리스크가 있는 투자보다 안정적인 투자를 해야겠지만, 투자경험이 많고 여건만 된다면 시세보다 싸게 사서 제값 받고 팔아 차익을 많이 남기는 공격적인 투자도 매력적입니다.

단, 이런 공격적인 투자를 하기 위해서는 버티는 임차인을 내보내는 명도부터 임대 놓는 일과 함께 전략적으로 잘 파는 방법과 노하우가 필요합니다. 상황에 따라 임대를 구하러 온 실수요자를 설득하여 매도할 수도 있고, 현재 임대중인 임차인에게 좋은 조건을 제시하여 상가를 사게 만들 수도 있는 것이지요. 현재 내고 있는 임대료보다 월등히 싼 이자를 제시하면 임차인에게도 합당한 이유가 되며, 대출만 어느 정도 나와 주면 좋은 거래가 될 수 있습니다.

🏠 꼼수매각 전략을 주의하라

앞에서 상가매각 전략을 다루었는데, 참고로 상가를 매입하려는 투자자가 주의해야 할 꼼수매각 전략도 다룰까 합니다. 간혹 상가를 팔기 위해 가짜 임차인을 들이거나 직접 임차인이 되어 높은 임대료를 내고 있는 것처럼 위장하는 경우가 있습니다. 만일 B급 상권의 B급 상가가 너무 좋은 조건에 임대되어 있다면 한 번쯤은 의심해봐야 합니다.

다음의 사례는 필자가 실제로 겪은 일입니다. 얼마 전 어떤 분으로부터 전화를 한 통 받았습니다. 본인이 보유한 아파트단지 상가를 팔려고 하는데, 잘 파는 방법이 없냐는 것이었습니다. 그러면서 본인이 생각한 방법을 설명했습니다. 일단 현 임차인이 지인이고 3,000/110만 원에 임차가 되어 있는데, 잔여기간이 1년 정도 남았던 것 같습니다. 그래서 본인이 현 임차인과 협의하여 임대계약을 3,000/150만 원짜리 가짜 계약서를 작성하겠다는 내용이었습니다. 임차인에게 잔여기간 동안의 차이 나는 임대료와 추가 사례금까지 주면 되니 가능할 것이고, 그러면 시세보다 4,000~5,000만 원은 더 받을 수 있으니 좋은 방법이 아니냐는 것이었습니다.

어이가 없기도 하고 안타깝기도 해서 잘 얘기하고 끊었는데, 그 뒤에는 어찌 되었는지는 알 수 없었습니다. 안타깝게도 이 방법은 실제로 종종 일어나는 일입니다. 내용과 방법만 다르지 분양시장에서도 일어납니다. 앞서 설명한 것처럼 B급 입지에 입점한 A급 프랜차이즈 매장들은 시행사에서 직접 임차인이 되어 눈 가리고 아웅 하는 식으로 만들어낸 방법인 경우가 많습니다.

실제로도 신도시에서 초기에 분양이 안 된 상가(1층 2칸, 2층 1칸)를 시행사가 임차인이 되어 유명 프랜차이즈 커피숍으로 입점시킨 후 바로 분양되어 버린 일이 있었습니다. 분양하기 좋을 정도의 높은 임대료로 계약되어 있어 내용을 모르는 투자자들이 얼른 계약을 해버린 것입니다. 해당 프랜차이즈는 결국 내 가게처럼 적극적인 영업도 안 되고 임대료도 높아 2년 반 만에 철수하게 되었습니다. 이런 유형은 좋은 업종에 수익률까지 높아 혹하게 만드니 조심해야 합니다. 혹시라도 투자대상 상가가 B급 입지인데 좋은 업종이 입점되어 있다면 자세히 알아보고 투자를 결정해야 합니다.

Step 04.

잘 팔리는 상가는 이것부터가 다르다

　상가 임차인들도 권리금을 주고받습니다. 목이 좋은 상가는 프랜차이즈 개발담당 직원이나 부동산 직원 등이 수시로 와서 "팔 생각 없냐?" "가격 잘 받아 줄 테니 팔아라"라며 조르기도 합니다. 이런 상가라면 적당히 임대료도 올려 받기 좋고 좋은 가격에 팔기도 좋을 것입니다. 상가의 현재가치는 임대수익률과 상당한 관계가 있기 때문에 높은 가격을 받을 수 있는 것이지요. 결국 잘 팔리는 상가는 좋은 상가의 조건과 거의 비슷합니다. 제값을 받고 원하는 시점에 잘 팔 수 있는 상가, 이것이 바로 우리가 찾아야 할 상가의 조건입니다. 그럼 잘 팔리는 상가는 어떤 조건을 갖춰야 할까요?

🏠 잘 팔리는 상가의 조건

① 현재가치가 높은 상가

현재가치가 높다는 것은 현재 좋은 입지와 조건을 갖추었다는 것입니다. 역세권, 코너상가, 전면이 넓은 상가, 유동인구가 많은 상가, 임대수익률이 높은 상가 등 조건은 셀 수 없이 많습니다. 이 중에서 몇 가지만 충족해도 현재가치가 좋은 상가라고 할 수 있습니다.

② 미래가치가 높은 상가

미래가치는 상가 자체 문제보다 주변환경이 좋아질 기대가 있을 때 발생합니다. 지하철역이 생긴다거나 대규모 아파트, 대규모 업무단지 등 상가에 유익한 시설이 들어설 때 생깁니다. '이곳이 앞으로 잘되겠구나' 같은, 즉 기대감을 줄 만한 요소가 있다면 투자하기도 좋고 팔기도 좋습니다.

③ 능력 있는 임차인이 입점한 상가

말 그대로 임차인이 입점해서 대박을 낸 상가를 말합니다. 임차인의 장사가 잘되서 문전성시를 이루고 소위 떼돈을 벌고 있다면, 상가가치 또한 덩달아 높아집니다.

④ 덩치가 작은 상가

'덩치가 작은 상가'라는 것은 기준이 명확하지 않지만, 일반적으로 상가의 면적이 크다면 가격도 무거워집니다. 이런 경우는 미리 분할해서 앞으로 발생할 매도를 대비하면 좋습니다. 상황에 따라 일부만 팔 때도 있기 때문에 유리한 측면이 있습니다. 그렇다고 너무 작아도 안 됩니다. 1층이라면 적어도 10평 이상은 되어야 하며, 가능하면 12~13평 이상은 되어야 내부구성을 할 수 있는 업종이 많아집니다.

⑤ 배후세대 대비 호실이 적은 상가

'배후세대 대비 호실이 적다'는 것은 배후지가 많고 상가는 적은 곳에 위치한 상가입니다. 거의 독점상가라고 할 수 있습니다. 많은 배후지에 둘러싸인 항아리 상권의 상가나 LH 단지 내 상가 등은 안정적인 임대수익을 기대할 수 있기 때문에 좋은 조건이라고 볼 수 있습니다. 실제로 LH에서 분양하는 단지 내 상가는 민영 아파트에 비해 상가 수가 적은 편이라 안정적입니다.

⑥ 1등상가

어느 지역이든 중심상업지역에 들어서면 가장 먼저 눈에 들어오는 상가가 있습니다. 초입 코너에 떡하니 자리를 잡고 있어 누가 봐도 탐나는 그런 자리입니다. 이런 상가는 지역 내 1등상가라고 불러도 손색이 없습니다. 하지만 모든 상가가 1등상가가 될 수는 없습니다. 현실적으로는 '내 상가'를 1등상가에 가깝게 만들어놔야 합니다. 지역 1등이 안 되면 주변상가 중 1등을 목표로 하는 식으로, 좋은 상가의 조건을 만족시켜줄 요소들을 갖춰야 합니다.

 **단지 내 상가 투자시 주의점**

　단지 내 상가는 기본적인 배후세대를 확보한 안정적인 투자처입니다. 주로 입찰방식으로 공급하는데, 최근 분위기가 과열되어 내정가의 200% 이상으로 낙찰되는 사례가 많습니다. 낙찰가가 높아지면 수익률에 영향을 미치며, 주요업종이 아니라면 높은 임대료를 내기도 힘들어 공실이 될 우려도 있습니다. 단지 내 상가뿐만 아니라 과도한 경쟁 등으로 인한 높은 금액의 입찰은 피해야 합니다.

상가매각 후
세금처리는 이렇다

앞에서 상가매입 시, 상가보유 시 내는 세금을 다뤘습니다. 이번 장에서는 상가매각을 할 때 발생하는 세금을 정리해보겠습니다. 상가매각을 할 때 양도차익이 있다면 그 차익에 대한 양도소득세가 부과됩니다. 또한 건물 분에 대한 부가가치세도 납부해야 합니다. 단, 부가가치세는 취득 시와는 반대로 매도자의 입장이기 때문에 매수자가 부가가치세를 부담하게 됩니다. 물론 이때도 포괄양도양수를 통해 절차를 생략할 수 있습니다.

양도소득세

양도소득세는 시세차익이 있을 때, 그 시세차익에 대한 세금을 내는 것입니다. 하지만 차익 전부에 대해 세금을 매기는 것이 아니라 필요경비, 장기보유특별공제, 기본공제를 하고 남은 과세표준에 세율을 매기는 방식입니다. 다음의 공식을 참고하시면 됩니다.

양도가액
　－ 취득가액
　－ 필요경비 → 양도차익
　－ 장기보유특별공제 → 양도소득
　－ 양도소득기본공제 → 과세표준
────────────────
과세표준 × 양도소득세율 = 결정세액

① **필요경비** : 취득세 비용, 법무사 비용, 부동산 중개 비용, 대수선 비용 등이 필요경비로 인정됩니다. 단, 반드시 증빙할 수 있는 영수증, 세금계산서를 잘 챙겨서 보관해야 합니다.

② **장기보유특별공제** : 3년차 이후부터 10년차까지 보유기간에 따라 공제를 해줍니다. 〈도표 26〉의 장기보유특별공제 내역표를 참고하면 됩니다.

③ **양도소득기본공제** : 양도소득기본공제는 연 1회, 250만 원 공제가 됩니다. 예를 들어 2개의 상가를 팔아야 하는 상황이라면 1년에 1개씩 팔

도표 26 ▶ 장기보유특별공제 내역표

보유기간	다주택, 상가, 토지 등 (비업무용 토지는 배제)
3년 이상 ~ 4년 미만	10%
4년 이상 ~ 5년 미만	12%
5년 이상 ~ 6년 미만	15%
6년 이상 ~ 7년 미만	18%
7년 이상 ~ 8년 미만	21%
8년 이상 ~ 9년 미만	24%
9년 이상 ~ 10년 미만	27%
10년 이상	30%

아야 각각 공제가 됩니다.

④ **양도소득세율** : 과세표준이 결정되면 양도소득세율을 곱해 세액을 결정하게 됩니다. 세율은 과세표준액에 따라 차등을 두는 누진세율을 적용합니다. 이때 1년 미만의 단기보유는 50%, 2년 미만 보유는 40%의 중과세 규정이 있으니 2년 이상은 보유하는 것이 좋습니다.

도표 27 ▶ 양도소득세율 기준

보유기간	세율	초과누진세율과 누진공제액	
1년 미만	50%		
2년 미만	40%		
2년 이상	과세표준	세율	누진공제액
	1,200만 원 이하	6%	
	1,200만 원 초과 ~ 4,600만 원 이하	15%	−108만 원
	4,600만 원 초과 ~ 8,800만 원 이하	24%	−522만 원
	8,800만 원 초과 ~ 1억 5,000만 원 이하	35%	−1,490만 원
	1억 5,000만 원 초과 ~ 5억 원 이하	38%	−1,940만 원
	5억 원 초과	40%	−2,940만 원

🏛 부가가치세

양도 시의 부가가치세도 취득 시와 같은 개념으로 보면 됩니다. 매매계약서에 부가세는 매수인이 부담해야 한다는 내용을 기재하고, 포괄양도양수 시에는 포괄양도양수 조건임을 기재하여 부가가치세에 대한 분쟁이 없도록 해야 합니다. 임대사업자 종류에 따라 부가가치세가 환급을 못 받거나 발생 자체가 안 되는 경우도 있기 때문에 반드시 체크해야 합니다. 〈도표 28〉을 참고하시면 됩니다.

도표 28 ▶ 상가매매시 부가세 환급과 포괄양도양수 조견표

매도	매수	부가세 발생	부가세 환급	포괄양도양수
일반과세자	일반과세자	○	○	○
	간이과세자	○	×	×
	비사업자	○	×	×
간이과세자	일반과세자	○	×	○
	간이과세자	○	×	○
	비사업자	○	×	×
비사업자 개인	일반과세자	×	×	×
	간이과세자	×	×	×
	비사업자	×	×	×

Advice 12

· 매도 시 계약서 특약사항

　상가를 매도할 때는 대부분 포괄양도양수 계약으로 진행합니다. 포괄양도양수 조건은 반드시 계약서에 특약으로 작성해야 합니다. 간혹 매도인이 세금계산서를 발행해버리거나 매수인이 기간 내(20일) 사업자 등록을 하지 않아 포괄양도양수가 적용되지 않을 때가 있습니다. 곤란한 상황에 대비해 특약사항을 작성해놓는 것이 좋습니다. 특약사항의 포괄양도양수 내용은 다음과 같습니다.

1. 본 계약은 포괄양도양수 조건임.
2. 매매금액에는 부가가치세가 포함되지 않은 금액임.
3. 포괄양도양수가 적용되지 않을 경우, 매수인이 부가세를 부담함.

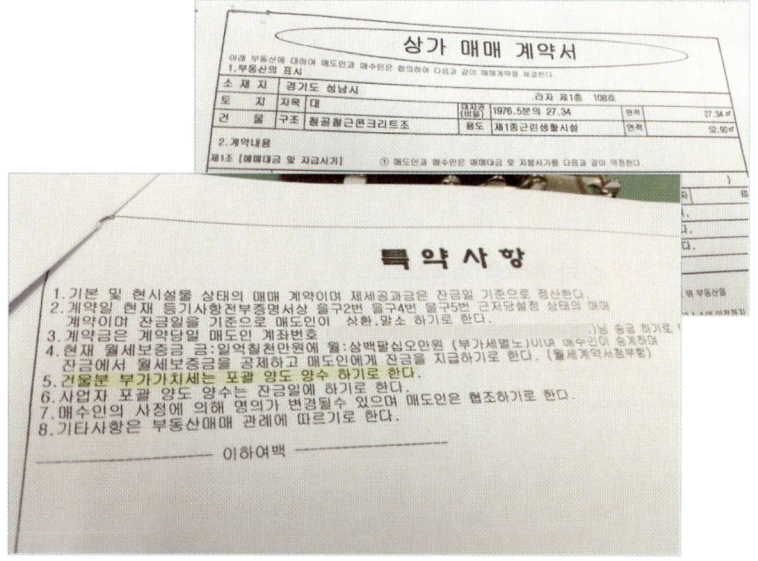

상가매도 시 계약서 특약사항 사례

6단계 요점정리

 # Step 01 상가매도 타이밍 잡기
→ 취득 2년 뒤, 임대료 상승 시점에 팔기

 # Step 01 리스크를 피하는 매도 타이밍 잡기
→ 상권변화, 주거환경 변화, 신도시 중심상가 활성화 시점, 인근 경쟁 상권의 백화점이나 대형마트의 입점, 신규 지하철역 같은 교통체계 변화

 # Step 01 상가매각 전략 세우기
→ ① 계획된 가격 설정, ② 부동산 먼저 설득하기, ③ 상가 화장하기
→ 가짜 임차인을 들였거나, 임대인이 직접 유명 프랜차이즈 매장을 계약하는 등의 꼼수매각 전략 주의

 # Step 01 잘 팔리는 상가의 조건 갖추기
→ ① 현재가치가 높은 상가, ② 미래가치가 높은 상가, ③ 능력 있는 임차인이 입점한 상가, ④ 덩치가 작은 상가, ⑤ 배후세대 대비 호실이 적은 상가, ⑥ 1등상가

 # Step 01 상가매각 후 세금처리하기
· 양도소득세 : 과세표준×양도소득세율 = 결정세액
· 부가가치세 : 〈도표 28〉 참고

/ 에필로그 /

여유롭고 자유로운 인생을 위하여

이제 막 상가에 관심을 갖고 알아보는 단계의 초보투자자들은 막연한 기대와 설렘으로 시작하지만 곧 막막한 현실에 부딪히게 됩니다. 왜냐하면 상가에 대한 제대로 된 정보나 시세 같은 데이터를 찾기 힘들기 때문입니다. 그래서 쉽게 시작하지 못하는 경우가 많습니다.

필자가 운영하는 한국상가투자연구소 카페를 통해 문의하는 예비 상가투자자들도 그런 막막한 느낌 때문에 상가투자가 어렵다고 얘기합니다. 주식투자도 처음 할 때는 스스로 판단해 투자하기 어렵습니다. 그래서 방송도 보고 신문도 읽으면서 어느 정도 감을 잡아야 희미하게나마 투자할 곳이 보이기 시작합니다. 그렇다고 무턱대고 누군가의 도움만 바랄 수는 없습니다. 적어도 어떤 상가를 어떻게 투자하겠다는 자신만의 생각이 있어야 합니다. 예를 들어 다음처럼 기준을 세우는 겁니다. ① 미사강변도시에 현금 4억 원 정도 규모로 대출은 50%, ② 주거지를 배후지로 두고 있는 근린상가 1층, ③ 업종은 일반적인 생활밀접 업종으로 임대되어 있고, ④ 가능하면 월세가 나오고 있는 기존상가, ⑤ 찾기 힘들 때는 신도시의 괜찮은 위치에 있는 신축분양상가로 투자라는 식으로 말입니다.

자금규모나 투자목적, 투자할 지역과 상가유형, 투자방법까지 가능한 목표를 명확히 세워두는 것이 투자에 큰 도움이 됩니다. 앞에서 예로 든 것처럼 목적을 갖고 상가투자에 임해야 성공적인 투자를 할 수 있습니다. 그런 다음 움직여야 합니다. 이 책을 통해 투자방향 설정을 하였다면 이제는 손품, 발품을 팔 노력이 필요합니다. 필자가 운영하는 한국상가투자연구소(http://cafe.naver.com/vivasn)에서도 실전정보와 조언을 얻을 수 있을 겁니다.

누구나 '경제적 자유' '매달 1,000만 원씩 들어오는 월세통장'을 꿈꿉니다. 목적은 조금씩 다르겠지만, 크게 봤을 때는 다 같을 것입니다. 바로 여유 있고 경제적으로 자유로운 삶을 살고 싶은 마음이 아닐까요? 그런 목표를 위해 이 책을 읽으셨을 겁니다.

하지만 그 목표를 단번에 이룰 수는 없습니다. 과정이 필요하고 한 계단식 올라가는 단계를 밟아야 하죠. 그러니 단계별로 작은 목표를 세워야 합니다. 작은 목표를 하나하나 달성하다 보면 어느새 월세 1,000만 원의 임대사업자가 되어 있을 것입니다. 여유롭고 자유로운 인생을 위해 이 책이 조금이라도 도움이 되었으면 합니다.

부록
- 상가투자 실전사례
- 상가투자 임장보고서

QR코드를 스캔하시면 이 책의 부록을 다운받으실 수 있습니다. 또한 한국상가투자연구소 (http://cafe.naver.com/vivasn)에서도 다운받을 수 있습니다.

Case 01.

임대는 건물준공 전에 맞춰놔야 한다

처음부터 상가투자를 시작하는 사람은 많지 않습니다. 대부분 아파트 투자 경험이 있거나 오피스텔이나 원룸 같은 소형부동산으로 임대수익을 경험하고 상가로 넘어옵니다. 그런데 아무리 아파트나 오피스텔 투자가 익숙해도 상가투자를 하려고 하면 쉽게 결정하기가 어렵습니다. 생전 처음 상가투자를 해서 임대까지 마친 김 대표도 마찬가지였습니다.

오랫동안 외국기업 임원으로 재직하다 퇴직하고 현재는 중소기업에서 CEO로 재직 중인 김 대표란 분이 있었습니다. 이 분은 퇴직 전부터 은퇴 후 대책을 위해 노후자금으로 수익형 부동산에 투자를 시작했습니다. 그동안은 부인이 아파트 투자를 통해 간간히 재테크를 해오긴 했지만, 대부분 세를 안고 사두는 식이어서 노후대비를 위해 월세가 나오는 부동산을 알아보기 시작했습니다.

그렇게 투자한 것이 오피스텔입니다. 처음에는 집 근처로 월세가 나오고 있는 작은 오피스텔부터 시작해서 하나씩 매입했는데, 하다 보니 6개나 되었습니다. 6개의 오피스텔에서 나오는 소득이 약 450만 원 정도가 되어서 노후대비로 충분한 수준까지 만들었던 것입니다. 하지만 신축 오피스텔은 그래도 괜찮은데 좀 연식이 된 오피스텔은 들고 나는 것도 잦고 이것저것 신경 쓸 게 많아 번거로웠던 모양입니다. 앞으로 평생 임대수익으로 살아야 하는데, 건물이 오래될수록 관리상 문제가 있다고 판단한 것입니다.

그래서 김 대표는 대체할 만한 곳을 알아보다 상가를 보게 됩니다. 구분상가가 임대수익도 괜찮고 관리도 편할 것 같다고 판단하여 갈아타기로 한 것입니다. 다음 날부터 바로 오래된 오피스텔을 부동산 사무실에 매물로 내놓고 상가를 알아보기 시작했습니다. 이곳저곳 다니다가 최근 인기 있는 신도시에서 아파트단지를 배후지로 하는 괜찮은 근린상가를 찾았습니다. 주변상가들과 비교해보고 여기저기 알아보며 고민한 끝에 투자를 결정합니다.

물론 빨리 결정하게 된 계기가 있었습니다. 결정한 상가가 다른 상가들보다 위치도 좋으면서 가격도 저렴하게 분양했던 것이지요. 비슷한 위치의 상가들도 가격이 다른 경우가 있는데, 이 상가는 상대적으로 저렴한 상가였던 것입니다. 계산해보니 임차인에게 임대료를 과하게 놓지 않아도 적정 수익률은 나올 것 같아서 분양을 결정하게 된 것입니다. 결과적으로는 좋은 선택이었습니다.

하지만 최초 임대를 놓을 때는 시행착오가 좀 있었습니다. 아무래도 신도시다보니 처음에는 부동산 사무실로 임대를 놓고 2년 뒤에 권리금이 좀 붙으면 부동산과 재계약을 하거나, 아니면 부동산에서 직접 새 임차인을 들여놓고 나갈 수 있도록 계획을 세웠습니다. 실제로 건물이 외형을 갖추면서 부동산 사무실로 달라는 임대문의가 많이 왔었습니다. 그때 임대를 놓았으면 무리가 없었을 텐데, 아직 시간이 있으니 이왕이면 대형 프랜차이즈 같이 오래 있을 만한 업종을 주자고 임대를 미뤘던 것입니다.

그런데 그때 한 가지 간과한 것이 있었습니다. 건물의 준공예정이 12월이었던 것입니다. 이 시기는 한겨울이라 임대가 봄이나 가을처럼 원활하게 이루어지지 않습니다. 상권이 갖춰진 기존상가들도 이 시기만큼은 조용할 때인데, 신도시는 더한 시기입니다. 결국 준공이 되고 시행사에 사정해서 잔금 일을 뒤로 미뤘습니다. 원래 잔금일은 연기해주지 않는데, 임대보증금 받아서 잔금을 치르겠다고 해서 사정을 봐준 것입니다.

그리고 마침 대기업에서 직영점을 운영한다고 임대협상이 들어왔습니다. 잘만 하면 건물도 살고 임대인도 좋은 최적의 상황이었지요. 하지만 이것도 문제가 있었습니다. 대기업 직영점 임대는 의사결정이 오래 걸렸던 것입니다. 결국 잔금 먼저 치르고 한 달이나 지나도록 기다렸지만, 마지막에 돌아온 결과는 입점이 어렵다는 것이었습니다. 그 뒤로도 얼마간 애를 먹다 우여곡절 끝에 임대를 놓게 되었습니다.

김 대표의 첫 투자는 결과적으로는 나쁘지 않았지만, 임대시점을 잘 맞추지 못해 초기에 마음고생을 했습니다. 상가를 분양받을 때는 잔금을 치르는 시기에 맞추어 임대를 놓으려고 하지 말아야 합니다. 사전에 어떻게, 어떤 업종으로 임대를 놓을지 대략 정하고 준공 두세 달 전에 미리 임차인을 구해놓는 것이 좋습니다. 특히 신도시에서 배후지인 아파트 입주시기보다 상가가 먼저 준공이 되는 경우, 아파트 입주 전까지 임차인을 구하기 어려울 수 있습니다. 이런 부분도 분양 전에 미리 판단해야 합니다. 초기에 입점하는 업종이 무엇인가는 매우 중요합니다. 이것 때문에 상가준공 후 잔금을 치르고도 임대를 바로 놓지 않고 기다리는 투자자들도 있습니다. 하지만 가능하면 건물준공 이전에 임대를 결정하고 기다리는 것이 원활한 임대수익 실현에 유리합니다.

Case 02.
빠른 결정과 실행이 수익을 만들어낸다

돈 버는 사람은 따로 있다고 합니다. 주변을 돌아보면 하는 일마다 돈이 붙는 사람이 있습니다. 눈감고 투자한 것 같은데도 뭐만 했다 하면 가격이 오르고, 분명 잘못했다 싶은 일도 결과를 따져보면 손해가 크지 않습니다. 외려 전화위복이 되어서 돈을 벌기도 합니다. 주변에 이런 사람을 보면 천운이 있는 것처럼 보이지요. 하지만 정말 '운' 때문에 그런 걸까요? 소위 되는 사람들에게는 공통점이 있는데, 바로 빠른 결정과 실행력입니다. 물론 이것만이 성공의 비결은 아니겠지만, 실행력이라는 것이 있느냐 없느냐의 차이는 큽니다. 그럼 어떤 차이가 있을까요?

투자고수들이 가장 잘하는 것이 바로 빠른 판단과 결정력, 그리고 곧바로 실행하는 능력입니다. 왜 그럴까요? 그건 실제 좋은 물건이 나와서 팔리기까지 걸리는 시간이 길지 않기 때문입니다. 처음에는 긴가민

가하다 좋은 물건을 하나씩 놓치다 터득한 것입니다. 타고난 사람도 있겠지만 처음부터 잘하는 사람은 많지 않습니다. 어느 경우나 마찬가지일 것입니다. 기존상가도 급매물이 나오면 금방 팔리는 것처럼, 분양상가도 좋은 자리임에도 시세보다 싸게 분양을 하면 금방 마감됩니다.

얼마 전에 인기 많았던 모 신도시에서 있었던 일입니다. 어느 날 갑자기 좋은 자리의 상가가 할인분양을 시작한 것이었습니다. 그것도 1층을 15%나 할인하니 괜찮은 조건이었습니다. 그래서 마침 비슷한 조건의 상가투자를 의뢰했던 저희 카페 B회원과 현장을 방문했습니다. 이 회원은 구분상가만 투자하는 분으로 이미 상가를 4개나 갖고 있으면서 쏠쏠한 임대수익을 내고 있었고, 마침 상가를 1개 더 구입하려고 마음먹고 있던 참이었습니다.

그렇게 현장을 보고 분양사무실에 들러 정보를 들었습니다. B회원은 하루 동안 주변탐색을 해보더니 바로 계약을 했습니다. 물건으로 나온 1층상가는 분양가가 11억 5,000만 원인데, 할인받고 좀 더 깎아서 9억 7,000만 원에 체결했습니다. 그 이후 인근 상가 중에 11억 원 밑으로 분양한 상가가 없어서, 나중에는 프리미엄을 1억 원 줄 테니 팔라는 제안도 받았다고 합니다. 하지만 B회원의 목적은 처음부터 임대소득이라 팔지 않았다고 합니다. 임대 또한 준공 두 달 전에 완료되었습니다. 보증금 8,000만 원/월 450만 원에 임대를 놓았는데, 결과적으로 주변 임대시세보다 낮게 임대를 놓고 다른 상가들보다 수익률은 더 높았습니다. 이게 다 저렴하게 나온 상황을 잘 포착하고 빠른 결정을 내려서 만들어진 결과입니다.

이 사례처럼 투자에서 빠른 판단과 의사결정은 상당히 중요합니다. 그렇다고 무작정 밀어붙이라는 것은 아닙니다. 현장에 가보면 분양사무실이나 부동산 사무실에서 정말 좋은 조건이 아님에도 급하게 종용하는 일이 많습니다. 당장 계약하지 않으면 손해 볼 것처럼 상황을 이끄는 경우도 있습니다. 빠른 판단은 정말 필요한 일이지만 이런 상황은 조심해야 합니다. 단지 가격만으로 솔깃해서 결정해도 안 되고, 분양직원의 재촉에 넘어가서도 안 됩니다. 주변시세를 직접 파악하고 주변 부동산 사무실의 이야기도 들어보고 신중하게 생각한 다음 결정해야 합니다.

Case 03.

기준과 원칙으로
손해보지 않는 투자를 한다

    모든 투자가 그러하듯 상가투자도 철저하게 기준과 원칙을 갖고 투자한다면 적어도 손해 볼 일은 없습니다. 물론 투자는 멘탈 게임 성격이 강해서 냉정을 유지하기란 쉬운 일이 아닙니다. 상가투자 고수인 B사장도 처음에는 이런저런 시행착오를 많이 겪었던 시절이 있었습니다.

    B사장은 20대부터 아버지를 따라다니면서 상가에 눈을 뜨기 시작했다고 합니다. 필자도 15년 전 쯤 B사장이 임차인을 만날 때 동석했던 적이 있었는데, 임대료를 협상하고 관리하는 능력이 대단하다고 느꼈던 기억이 납니다. 지금은 상가와 지식산업센터를 여러 개 운용하고 있는데, 요즘처럼 금리가 낮을 때는 은행융자를 최대한 활용해 레버리지를 높이는 투자를 하고 있습니다.

    B사장이 선호하는 상가는 주로 하자가 있거나 분양이 되지 않아 덤

평 수준으로 처분하는 상가입니다. 선호하는 투자대상이 명확히 정해져 있는 것입니다. B사장의 전략은 일단 상가를 보고 어떤 업종을 얼마에 놓을지 판단합니다. 그리고 본인이 생각한 수익률이 나오려면 얼마에 사야 할지 결정합니다. B사장이 생각하는 기준수익률은 못해도 8% 이상인데, 이 이상으로 맞추려면 가격이 많이 싸야 되기 때문에 그 기준으로 판매자나 분양회사에 희망가격을 제시하고 기다리는 것입니다.

당연히 조건이 맞지 않으면 포기합니다. 마치 주식투자를 하듯이 철저하게 본인이 정한 박스 안에 들어와야 투자를 합니다. 이렇게 하면 최소한 손해는 보지 않기 때문입니다. 최저 8% 수익률도, 부동산 담보대출을 적극 활용해 투자하는데 요즘에는 3% 정도에 받아서 투자하면 최하 8%는 나와야 금리차익을 보는데 문제가 없어서입니다. 이런 방식으로 B사장은 세금, 이자를 다 빼고도 월 2,000만 원 이상의 임대수익을 올리고 있습니다. 1년에 1~2회 정도 매도를 하면서 얻는 시세차익은 별도라고 합니다. 이러한 것도 자기만의 기준과 원칙이 있기 때문에 가능한 것이라 할 수 있습니다.

1등상가 투자도
상가투자 전략이다

　누구나 처음 투자를 할 때는 적은 돈으로 시작합니다. 예를 들어 전세를 안고 아파트에 투자를 하는 게 그렇지요. 요즘 같은 시기에는 어렵사리 모은 종자돈으로 오피스텔이나 도시형 생활주택 같은 수익형 부동산에 투자해서 월세를 받는 임대부자를 꿈꾸기도 합니다. 차근차근 작은 것부터 계단을 밟아 투자를 하다보면, 굵직한 종자돈으로 할 수 있는 투자를 생각하기도 합니다. 직장생활을 하든, 자영업을 하든, 큰 사업을 하든 결국 안정적인 자산으로 부동산을 최종 선택하게 되는 것입니다. 그렇다면 각자의 상황에 따라 투자방법, 접근방법이 달라져야 할 텐데 과연 어떻게 실행해야 할까요?

　상가투자로 재미를 많이 본 조 대표라는 사람이 있습니다. 소액투자부터 시작해서 지금은 A급 상가 3개에 건물까지 갖고 있는 알부자입니다. 조 대표가 이렇게 탄탄한 부동산을 갖게 된 데는 크게 특별한 내용은 없습니다. 일을 하면서 돈을 열심히 모았고 틈나는 대로 아파트 분양권이나 급매물 같은 곳에 닥치는 대로 투자했다고 합니다. 그렇게 종자돈을 모아서 결국 상가투자까지 하게 되었던 것입니다. 원래 괜찮다고 하면 돈부터 지르고 보는 스타일이라 위험할 법도 한데, 정작 본인은 그걸 노하우라고 이야기합니다. 그래서 한 번은 그게 무슨 노하우냐고 물었던 적이 있습니다. 그랬더니 자기가 생각 없이 계약하는 것 같아도 사실은 평소에 경제신문부터 부동산기사를 스크랩까지 해가며 관심을 두고 있다가 시간 날 때마다 분양하는 현장을 찾아 다녔다는 것입니다.

조 대표의 투자방식은 미리 특정 지역에 관심을 두고 있다가 상가가 청약을 한다는 정보만 입수되면 바로 방문해서 눈으로 확인하는 것입니다. 그러면 괜찮은 상가의 코너자리 같이 시행사에서 잘 내놓지 않는 자리도 기회가 온다고 합니다. 나중에는 상가분양대행사에서 신규상가 분양을 시작하면 조 대표에게 미리 연락해서 투자의사를 묻는 정도가 되었습니다.

조 대표도 사실 처음에는 계약만 해놓고 있다가 나중에 피 작업(프리미엄 붙여 전매하는 것)을 해보려고 일찍 서둘렀다고 합니다. 그러다가 투자 스타일 자체가 1등상가, 좋은 자리만 선호하는 방식으로 바뀌었다고 합니다. 가격이 좀 비싸도 나중에 프리미엄이 가장 먼저 붙는 곳이 1등자리이기 때문입니다. 좋은 입지에 세워지는 상가 중에서도 1등자리라고 하면 코너나 출입구 양측 정도가 될 것입니다. 이런 1등상가는 초기 투자비용이 높아도 안정적으로 끌고 갈 수 있다는 장점이 있으며, 나중에 돌아오는 수익 또한 큽니다. 만약 어느 정도 자금이 가능하다면 눈앞의 작은 이익에 연연하기보다 길게 보는 1등상가 투자를 추천합니다.

Case 05.

잘되는 상가는
굳이 매각하지 않는다

　상가는 역시 지하철 역세권 상가가 좋습니다. 퇴근길에 쏟아지는 유동인구도 많고 역 주변으로는 항상 소매점이나 음식점 같은 집객시설도 많습니다. 그래서 많은 사람들이 역세권 상가투자를 선호하는 것입니다. 일산의 K회원은 50대 주부로 상가투자를 한 지 10년이 넘는 베테랑이지만 이러한 이유로 역세권 상가만 고집합니다. 이 분도 처음에는 아파트 단지상가로 시작했다가 고생을 해서 다시는 상가투자를 하지 않으려고 했다고 합니다. 그러다가 우연히 지하철역 앞 상가를 싸게 살 기회가 있어서 샀다가 톡톡히 재미를 본 것입니다.

　K회원은 약간 하나만 보는 스타일이라서 그때부터 무조건 역세권 상가만 눈에 보였던 것 같습니다. 그렇다고 무작정 투자하는 것이 아니어서 나름의 원칙으로 현재는 5개의 상가에서 이자를 제외하고도 약 1,000만 원 정도 월세를 받고 있습니다. 세전 월세는 약 1,500만 원 정도

이지요.

K회원은 한 번 산 상가는 웬만해선 팔지 않는다고 합니다. 월세가 잘 나오고 안정된 상가를 굳이 팔 이유가 없다는 것입니다. 또 재미있는 게 상가를 임대를 줘서 임차인을 한동안 지켜보다가 장사를 잘하는 것 같으면, 재계약 때 임대료를 올리면서 5년에서 7년까지 장기계약을 합니다. 임차인의 입장에서는 장사가 잘되는 매장이니 대부분 수긍합니다. 결과적으로 임대인은 월세 올리면서 장기계약을 하니 크게 신경 쓸 게 없어 좋고, 임차인도 월세가 좀 올라가도 걱정 없이 오랫동안 영업할 수 있으니 서로 좋은 방법인 것입니다.

물론 역세권 상가라고 다 좋은 것은 아닙니다. 아예 이용하는 사람이 거의 없는 역도 있고, 웬만큼 유동인구가 있어도 출구마다 활성화 정도가 다른 경우도 많습니다. 역세권이라도 가격만 비싸고 효용은 떨어지는 곳도 있으니 잘 판단해야 합니다. 역세권은 인근 지역에서 가장 땅값이 비싸기 때문에 신규역사가 들어오는 신도시를 제외하고는 상가가격도 주변에 비해 비쌀 수밖에 없습니다. 그러니 아무리 상가가 좋아도 가격이 비싸면 잘 따져봐야 합니다.

상가투자 임장보고서_샘플

구분	항목	내용	비고
물건 현황	물건주소(위치)	성남시 분당구 야탑동 000-00 번지 00프라자 00호	
	지역구분	중심상업지역	
	규모 / 해당 층수	지하3층, 지상10층 / 1층	
	대지 / 건물연면적	500평	
	전용면적/분양면적	13평 / 24평	
	전용률	54.16%	
	주차대수	120대	
	매매가격(분양가격)	9억 원	
	임대현황	보증금 8,000 / 월350만 원	
	수익률(세전 연수익률)	5.12%	
지역 분석	배후지 현황	야탑, 여수, 이매동 일대 약 33,000세대, 주거 약 109,000명, 직장 약 78,000명	소상공인 상권정보 시스템 데이터
	1차상권(직접 배후지)	반경 500미터 약 6,700세대 거주, 거주인원 약 19,400명, 직장인 약 43,000명	
	상권 활성화 정도	성숙기, 공실이 거의 없고 권리금 수준 높음	
	교통현황	상권 내 분당선 야탑역, 광역버스노선 정류장 등	
	주요시설 현황	홈플러스, NC백화점, 차병원 등	
	변화요인	지역 내 재개발·재건축 등의 이주, 인근지역의 택지지구 개발, 대형 자족시설의 이전 등 지역 내 주요 변화요인 체크	
	결론	활성화되어 있는 상권으로 배후지 규모가 크고 교통시설, 대형마트, 백화점 등 집객요소가 많은 지역임. 판교상권의 유흥시설 부재로 야탑역 인근 상권이 좋아지고 있어 유리한 상황임.	
개별 분석	상가현황	1층 현 프랜차이즈 분식집, 전면 약 3.8미터, 층고 약 4.2미터, 시설 깨끗, 창업 2년 정도, 영업 중상 이상	
	동선 및 접도	15미터 이면도로에 접하며 차량, 보행 이용자 많은 주 동선 같은 보조동선	
	교통현황	지하철역 0번 출구 도보1분 거리, 광역버스정류장 도보1분, 접근성 좋음	
	주차여건	주차여건 양호, 방문객	
	지형지세	먹자골목 초입 평지로 완경사 시작점	
	가시성	면(面)상가이나 가시성 양호함	
	변화요인	상권의 활성화 과정, 주변에 대형상업시설 개점, 경쟁상가의 증가, 교통체계의 변화 등 주요 변화요인 체크	
	결론	상권 내 젊은 직장인 층과 1인 세대가 많아 분식집 수요가 충분하고 유동인구도 많아 무난히 성업중임. 안정적으로 판단됨.	
시세 분석	상가현황	현 매가는 평당 3,750만 원 정도이며 수익률은 약 5.1%로 비교적 높은 편임	
	임대현황	현 8,000 / 350만 원으로 유사상가의 350~380만 원 정도에 형성	
	주변시세	주변시세는 평당 4,000만 원 선으로 수익률 4.5% 미만임	
	인근지역시세	중심상가 입지에 따라 평당 4,000만 원~1억 원까지 시세가 형성됨(서현역)	
	권리금시세	본 상가의 입지수준이면 전용 10평에 1억 원정도 시세형성	
	결론	주변시세에 비해 저렴한 가격으로 5% 이상의 수익률을 확보할 수 있고 평균정도의 임대료를 받고 있으나, 향후 20~30만 원 정도의 임대료 상향가능예상. 높은 권리금으로 공실의 우려 거의 없음	
임차인 분석	상가현황	현 프랜차이즈 ○○분식 운영중	
	업종 적정성	상권에 적합한 업종으로 판단	
	성향	소개한 부동산에 문의하거나 직접 내방해서 파악	
	연체여부	없음	
	결론	임차 업종 및 임차인 상황 양호함	
안정성 분석	상가현황(분양상황)	특이사항 없음	
	물건권리분석	소유자 확인, 대출 근저당권 외 다른 권리 사항 없음	등기사항전부 증명서 확인
		불법건축물 여부 확인	건축물대장 확인
	임대상황	양호함	
	결론	매수시 특별한 문제점 없음	
결론		본 상가는 야탑역 동측 약 50미터 거리, 도보 약분 거리의 15미터 도로에 접해 있으며 이미 활성화된 성숙기의 상가로 거주구 11만, 직장인구 78,000명의 많은 배후인구를 갖고 있어 안정적인 상권으로 판단되며, 상권의 특성에 맞는 적합한 용도의 임차 업종이 입점되어 향후 안정적인 임대가 가능할 것으로 기대됨. 현 임대료 수준은 인근 시세와 대비하여 평균수준이나 2~3년 뒤 최소 20~30만 원 정도의 상향이 예상됨. 매매시세 역시 주변시세인 평당 4,000만 원 선보다 낮은 수준으로 임대료 상향과 함께 상가의 자본수익도 상승할 것으로 판단됨.	

상가투자 임장보고서_양식

구분	항목	내용
물건현황	물건주소(위치)	
	지역구분	
	규모 / 해당 층수	
	대지 / 건물연면적	
	전용면적/분양면적	
	전용률	
	주차대수	
	매매가격(분양가격)	
	임대현황	
	수익률(세전 연수익률)	
지역분석	배후지 현황	
	1차상권(직접 배후지)	
	상권 활성화 정도	
	교통현황	
	주요시설현황	
	변화요인	
	결론	
개별분석	상가현황	
	동선 및 접도	
	교통현황	
	주차여건	
	지형지세	
	가시성	
	변화요인	
	결론	
시세분석	상가현황	
	임대현황	
	주변시세	
	인근지역시세	
	권리금시세	
	결론	
임차인분석	상가현황	
	업종적정성	
	성향	
	연체여부	
	결론	
안정성분석	상가현황(분양상황)	
	물건권리분석	
	임대상황	
	결론	
결론		

상가투자 핵심 노하우

초판 1쇄 발행 2017년 1월 9일
초판 4쇄 발행 2021년 4월 30일

지은이 박종일 | 펴낸이 이형도

펴낸곳 (주)이레미디어
전화 031-908-8516(편집부), 031-919-8511(주문 및 관리) | 팩스 0303-0515-8907
주소 경기도 파주시 회동길 219 사무동4층 401호
홈페이지 www.iremedia.co.kr | 이메일 ireme@iremedia.co.kr
등록 제396-2004-35호

책임편집 최연정 | 디자인 박정현 | 마케팅 최민용

이 책의 저작권은 저작권자에게 있습니다. 서면에 의한 허락 없이 내용의 전부 혹은 일부를 인용하거나
발췌하는 것을 금합니다.

ISBN 979-11-86588-91-8 13320

· 책값은 뒤표지에 있습니다.
· 잘못된 책은 구입하신 서점에서 교환해드립니다.
· 이 책은 투자참고용이며, 투자손실에 대해서는 법적책임을 지지 않습니다.

이 도서의 국립중앙도서관 출판예정도서목록(CIP)은 서지정보유통지원시스템 홈페이지
(http://seoji.nl.go.kr)와 국가자료공동목록시스템(http://www.nl.go.kr/kolisnet)에서
이용하실 수 있습니다. (CIP제어번호: CIP2016028781)